MW01709165

Collection

souris

noire

L'auteur

Robert Deleuse est né à Cannes en 1950. Après des études universitaires (licence d'ethnosociologie), il est appelé sous les drapeaux et profite d'une permission pour fausser compagnie à son régiment, stationné en Allemagne fédérale. Condamné par contumace à deux ans de forteresse militaire pour désertion, il échappe à la sentence en entrant dans la clandestinité. S'ensuivent six années partagées entre le souterrain et l'exil, la France et l'Europe, au cours desquelles il survit de nombreux métiers au noir et d'expédients plus ou moins astucieux... Amnistié après les élections présidentielles de 1981, il se fixe à Paris à la remorque d'emplois intérimaires avant d'être engagé, en 1984, par la toute nouvelle Maison des écrivains, au poste de gestionnaire, qu'il quitte six ans plus tard pour se consacrer à l'écriture.

Du même auteur

- *Retour de femme*
- *Anatomie d'un suicide*
- *Vues sur guet-apens*
- *Curriculum vital*

Denoël

- *Monsieur Personne*

Métailié

- *Une maison derrière la dune*

Seuil

- *La Bête au bois dormant*

Baleine/Le Poulpe

SEC
FIC
FRE
DEL
1998
8.95

Robert Deleuse

Un pavé dans la mare

Illustration de couverture
Jacques Ferrandez

souris
noire

SYROS
jeunesse

Pour
Marion Deleuse,
Stéphane, Florian
et Cédric Chollet,
affectueusement.
R. D.

« L'enfance, c'est comme un seau qu'on vous renverse sur la tête. Ce n'est qu'après que l'on découvre ce qu'il y avait dedans. »

Heimito Von Doderer

Catalogage Électre-Bibliographie
Deleuse, Robert
Un pavé dans la mare. – Nouv. éd. – Paris : Syros, 1998. –
(poche Souris noire ; 24)
ISBN 2-84146-577-2
Dewey : 811.5 : Albums et fiction. Romans. Aventures et voyages
Public concerné : Bons lecteurs (à partir de 12 ans)

© 1998. Éditions La Découverte et Syros, 9 *bis,* rue Abel-Hovelacque, 75013 Paris

1

Il y a un moment déjà que le museau gris de la Renault 21 flaire les enjoliveurs des véhicules stationnés le long du trottoir, sans parvenir à trouver son créneau. De la fenêtre du bureau, entre le froid ambiant et le temps qui court, j'observe le manège.

Parallèle à la promenade du bord de mer, le boulevard Herriot part de l'avenue Garibaldi pour rejoindre, en une sorte de demi-boucle, l'université des lettres. C'est ici, au troisième étage de ce bâtiment ancien, que se tient à peu près correctement le cabinet Duroc, où je passe le plus clair de mes quotidiens.

Le cabinet a fêté ses quarante ans en novembre dernier. De ses deux pères fondateurs, Achille et

Joseph Duroc, seul Achille demeure. Un petit homme de soixante-neuf ans à l'embonpoint rassurant, le visage tout chiffonné, l'œil bleu vif, toujours en alerte. Son frère aîné est mort il y a un peu plus de douze ans d'un cancer du foie.

Aujourd'hui, le cabinet emploie trois enquêteurs, une secrétaire et une archiviste.

Pour ses quarante ans de vie professionnelle, Achille Duroc a tenu à mettre les petits plats dans les grands. Nous avons commencé la soirée à *L'Aïoli,* un restaurant de la vieille ville. Assez guindé. Occasionnellement fréquenté par les milieux artistiques en provenance de la capitale. Plus ordinairement, par la grande bourgeoisie locale. À la fin du repas, le patron y est allé de son discours et de sa larme à l'œil. C'était émouvant. Nous avons terminé la soirée dans un cabaret privé où le Mumm Cordon rouge a coulé à flots. Sur scène, le spectacle n'était pas très attrayant. Et puis, une jeune Martiniquaise au corps de liane est venue se commettre dans un effeuillage aussi langoureux que scientifique. Solange Revelli (l'archiviste) a aussitôt arboré une moue gênée. Duroc et Charvet ont ri grassement : le premier par timidité, le second par grossièreté. La main de Carton (le troisième enquêteur) en a profité pour remonter lentement le long de la jambe gainée de soie de Joëlle Lanvier (la secrétaire), soulevant sa robe de chantoung bleu. Le noir complet s'est fait dans la salle. Seule la strip-teaseuse est demeurée éclairée sur la scène, dans une pastille de lumière bleue. Près de moi, une gifle a claqué.

Les bureaux du cabinet Duroc sont situés au troisième étage du 28, boulevard Herriot. Sur la porte d'entrée, une plaque de cuivre indique : « Cabinet Duroc ».

Dans les pages jaunes de l'annuaire, un encart tient à préciser : « Cabinet Duroc. Enquêtes et filatures. Discrétion assurée. » Suit un numéro à huit chiffres.

Le patron s'est fait brancher une ligne directe (sur liste rouge) qu'il ne communique aux clients que lors de circonstances bien spécifiques et en dernière extrémité. Aucun d'entre nous ne porte d'arme sur lui. Parfois, cela surprend certains de nos clients qui ont une vision purement cinématographique de notre profession. Quand il nous arrive de bavarder un peu avec eux (chose assez rare toutefois), on se rend très vite compte qu'ils ont de notre métier une image totalement déformée. Il nous est même arrivé de voir des affaires nous échapper parce qu'un privé sans arme, cela équivalait pour eux à un chevalier sans armure. Inefficace, pour ne pas dire inexistant. Dès lors, inutile de leur expliquer que nos trois meilleurs moyens d'action sont les jambes, la patience et le bagou. Surtout les jambes, d'ailleurs...

Au bout d'une journée d'intense labeur, il n'est pas rare qu'on finisse même par ne plus les sentir tellement on les ressent. Comme une douleur continue. Lancinante. Un poids insupportable. On ne sait plus très bien quelle attitude adopter. S'il convient de s'asseoir, s'il est préférable de s'allonger. Et c'est alors, en général, qu'on se prend à tourner en rond chez soi, avec le secret espoir que, la fatigue aidant, la douleur s'apaisera, le poids s'allégera. Sans trop y croire non plus, en évitant d'y penser trop, malgré l'ankylose qui monte et nous enserre comme dans une gangue...

Pour l'heure, le téléphone intérieur vient de faire entendre son timbre de crécelle. Je tends le bras et enfonce la touche dont la diode rougeoie. Voix de Joëlle Lanvier. Le patron m'attend dans son bureau.

Mon nom est Joyaud. Avec un d. Je sais : de prime abord, ça peut faire sourire. Les autres surtout. Mais à force, on s'y fait. Bien obligé. Moi surtout. Prénom : Paul.

De taille moyenne, plutôt mince, yeux noisette, cheveux cendrés. Quarante-deux ans. Je vis seul dans un studio de la rue Berlioz depuis le divorce d'avec ma femme, Nicole, survenu voici sept ans. La chose s'est faite à l'amiable. Nos avocats respectifs n'en ont pas trop rajouté. Entre nous, tout était clair. Nicole a hérité de la garde de la petite Marine et d'une pension alimentaire que je verse avec une régularité métronomique. Elle a conservé le F3 en location de la rue Blomet (Paris XVe), ainsi que les meubles. À l'exception d'un secrétaire Empire qui me venait de ma famille et que j'ai récupéré. J'exerce aussi régulièrement que possible mon droit de visite, et Marine et moi passons ensemble quatre semaines de ses grandes vacances. Elle va sur ses douze ans et adopte de plus en plus des tics de petite femme. Cela m'agace un peu, parce que, en la voyant se comporter ainsi, je pense à ma sœur ou à mes cousines, au même âge, qui singeaient de la même façon leurs aînées, et je me dis que, si la technique continue d'avancer à pattes d'éléphant, l'individu se contente d'un pas de fourmi.

Je travaille au cabinet Duroc depuis bientôt cinq ans et je suis plus particulièrement chargé des personnes disparues...

Avant, j'officiais comme inspecteur dans une compagnie d'assurances. Confronté à une importante affaire d'escroquerie avec ramifications dans les milieux de l'industrie et de la politique, j'ai tenu à mener l'enquête à son terme. Les personnes que j'ai impliquées bénéficiaient de protections occultes plus ou moins hautes. De leur côté, l'histoire s'est réglée en douceur. Pour ce qui me concerne, les choses en sont allées autrement. Une fuite a eu lieu et une partie du dossier est tombée entre les mains de journalistes indélicats. Des pressions ont été exercées sur la compagnie et j'ai sauté. Dix-neuf mois de chômage et un divorce. Sur quoi, j'ai quitté la capitale pour le bout du monde. C'est un flic de la banlieue parisienne qui m'a donné les coordonnées de Duroc. J'ai hésité longtemps avant de venir le voir...

La pièce où travaille Achille Duroc est la plus vaste du cabinet. Dans le temps, il la partageait avec son frère Joseph. On disait, d'ailleurs, qu'ils avaient tout partagé dans leur vie. Les mauvaises langues ajoutaient même dans le lot leurs épouses respectives. Je n'ai pas connu Joseph Duroc, mais je pouvais difficilement imaginer Achille passant d'un lit à l'autre... À la mort de Joseph, rien n'a été touché. Le bureau en palissandre est resté en place, ainsi que le fauteuil ergonomique en cuir havane. Comme si Joseph Duroc n'avait fait que s'absenter pour une durée plus indéfinie qu'à l'ordinaire...

Sa Chacom n° 906 vissée entre les dents, le fourneau bourré aux trois quarts d'Amsterdamer Fijne Snede, Achille Duroc prend son Zippo et incendie le tabac, qui s'embrase dans le foyer de sa pipe au fur et à mesure qu'il tire sur le tuyau bagué d'or à partir du bec à peine incurvé. Chassant d'un revers de main l'épaisse volute de fumée qui s'est formée au-dessus de son crâne poli, il repose le briquet-tempête et se met à me fixer sans but précis avant de lâcher : « J'ai un dossier pour vous, Paul. »

Ici, le vouvoiement est de rigueur. Même si

chaque employé est désigné ou interpellé par son prénom. Le mot « affaire » est soigneusement banni du vocabulaire courant au profit du mot « dossier ». Dans les conversations, le nom du client n'est jamais ou fort rarement cité. On dit simplement : le « client » ou bien la « cliente », c'est selon. Pas de possessif non plus. Personne ne dira donc « notre » client. L'impersonnel doit régner en maître. Chaque enquêteur est tenu de gérer un véritable journal de bord quotidien de ses activités. Y compris en période de pénurie. Et à la virgule près.

2

La dame qui me reçoit chez elle, dans son quatre pièces du boulevard François-Grosso, compte entre soixante-cinq et soixante-dix ans.

Au coin de son regard bleu vif ou aux commissures légèrement affaissées de ses lèvres minces, on pourrait y lire aussi sûrement chaque printemps et autant d'hivers. Elle est d'assez grande taille, diaphane, et a l'air très intimidé. Elle a pris place sur l'une des six chaises cannées qui entourent la table en merisier Régence de la salle à manger. Elle a poliment offert le partage d'un thé et je n'ai pas osé refuser parce que j'ai pensé que je venais d'arriver à l'heure exacte de son rite quotidien. Sur le canapé vert émeraude, un chat bleu de Russie donne l'impression de dormir profondément. Roulé en boule, la tête enfouie entre ses pattes postérieures, il émet de temps à autre un profond soupir qui oscille entre la résignation et la lassitude.

J'ai été convié à m'asseoir sur une chaise, face à elle, autour de la table circulaire aux jambages galbés. Sous chacun des quatre pieds a été glissé un petit cercle de verre (de ceux que l'on dépose quelquefois au fond des casseroles pour empêcher le lait de déborder) afin d'éviter de marquer le tapis persan de forme rectangulaire. Nous avons commencé par savourer quelques gorgées d'Earl Grey en échangeant des propos sibyllins. Il fallait attendre qu'elle vînt à moi sans brusquer les choses. Ce qu'elle a fait aussitôt après avoir reposé la tasse dans sa soucoupe pour la deuxième fois.

Près de la coupe de fruits en cristal qui trônait au centre du plateau, sur son napperon blanc, se trouvait un petit album de photos de la grandeur d'un portefeuille. Elle l'a tiré à elle, ouvert, feuilleté jusqu'à ce qu'elle tombe sur un cliché qui la satisfasse. Elle a dégagé l'épreuve de sa pochette en plastique et me l'a tendue.

C'était une photo prise en extérieur sur laquelle figurait un seul personnage : un adolescent d'une quinzaine d'années, blond comme les blés, les yeux gris clair, le teint hâlé. Il portait un short mauve et un tee-shirt noir sur lequel était imprimé : « Saragota Lake ».

« C'est Fabrice. Mon petit-fils. Cette photo est la dernière que j'ai de lui. Elle a été prise deux mois avant sa disparition, dans les jardins qui se trouvent derrière le port. »

J'avais reconnu l'endroit. Je n'ai rien dit. Elle a continué :

« Il... il a disparu. Comme ça. Un soir de novembre. C'était un jeudi. Le jeudi 27 novembre 1990. Le matin, il est parti au cours Lamartine, comme d'habitude, et je ne l'ai jamais revu... »

Elle s'interrompt. Reprend :

« En partant, il ne m'a pas dit ni laissé entendre qu'il ne rentrerait pas directement ici. À midi, il déjeunait à la cantine. À vingt heures, j'étais aux quatre cents coups. Ça ne lui ressemblait pas. J'ai téléphoné chez deux copains à lui. Ils ne savaient rien ou n'ont rien voulu me dire. L'un deux m'a quand même donné trois numéros de téléphone. Ça n'a rien donné. J'ai appelé les hôpitaux aussi. Vers minuit, je me suis rendue en taxi au commissariat. »

Nouvelle pause, puis :

« Les policiers se sont voulus rassurants. M'ont dit qu'il avait pu oublier l'heure ou même fuguer. Qu'on ne pouvait pas savoir ce qui se passait dans la tête des jeunes à cet âge-là... D'autres idioties encore. Ils m'ont conseillé de revenir le lendemain si je n'avais pas de nouvelles. Des jean-foutre. J'ai dû insister pour faire une déposition en bonne et due forme. Ils disaient que c'était bien trop tôt. Je leur ai donné les coordonnées personnelles du préfet. Alors, ils ont sorti les mains de leurs poches. Sans enthousiasme. Dès que je suis rentrée, j'ai appelé Nairobi, où se trouvaient ma fille et mon gendre. Le lendemain soir, ils étaient là. L'ambassade les avait fait rapatrier d'urgence. Nous avons remué ciel et terre. Le commissaire principal Lourmel s'est personnellement occupé de l'enquête. La presse locale a collaboré... »

Elle ferme les yeux, réprime un sanglot. La gorge est serrée. Les mains sont tordues. Je me décide à intervenir. Question annexe, indirecte :

« Votre fille et votre gendre se trouvaient en vacances au Kenya ? »

Perdue dans ses pensées, il s'écoule un laps de temps avant qu'elle ne réponde :

« En vacances ? Non. Mon gendre est ingénieur électronicien. Ma fille, une sorte de bohème. Lui, travaille par monts et par vaux. Le plus souvent à l'étranger. Et elle, le suit. Ils se sont connus à Rio. C'est là qu'ils ont conçu Fabrice. Le coup de foudre à ce qu'il paraît...

– C'est vous qui l'élevez ?

– Oui et non. Ma fille et mon gendre paient tout. Mais, à partir du moment où il a été scolarisé, ils n'ont plus voulu le trimballer de pays en pays. De mon côté, mon mari venait de décéder. Ce... cet arrangement évitait que je me retrouve seule.

– Il voyait ses parents ?

– Noël, février, Pâques, les mois d'été. Pour lui

comme pour eux, c'étaient de vraies vacances, avec un vrai dépaysement.

– En quelle classe se trouvait-il ?

– Il venait de commencer sa seconde, au cours Lamartine. Bon élève. Il n'a jamais redoublé. C'est un garçon très équilibré.

– Des copains ?

– Trois ou quatre plus ou moins assidus...

– Une petite amie ?

– Pas que je sache, mais bon...

– Il a quel âge sur cette photo ?

– Quinze ans et trois mois.

– Il pratiquait un sport ?

– Le volley-ball. C'est un excellent joueur, à ce qu'il paraît. Excusez-moi, je ne m'intéresse pas aux sports.

– Vous connaissez des noms dans son proche entourage ?

– Je vous ai préparé une liste. »

Elle sort de l'album une feuille quadrillée, pliée en deux.

« Vous savez... Nous avons tout essayé. Même des radiesthésistes et un extra-lucide ! Mon gendre est resté trois semaines ici. Ma fille, quatre mois.

– La police n'a rien trouvé ?

– Rien de rien.

– Et les autres ?

– Ils n'ont fait que prolonger l'espoir... »

Elle semble hésiter, puis :

« J'ai même pensé à alerter *Perdu de vue,* vous savez, l'émission de TF1...

– Et alors ?

– Il paraît qu'ils retrouvent beaucoup de gens. Des mineurs surtout. Comme Fabrice... J'en ai parlé à mon gendre et à ma fille. Ils m'ont dit que c'était du voyeurisme et qu'ils ne tenaient pas à ce que la télé vienne étaler leur vie privée en public.

– Votre fille a rejoint son mari au bout des quatre mois ?

– Oui. Ils sont revenus pour la Noël. Quinze jours. C'est là que nous avons pris la décision de consulter le cabinet Duroc.

– Où se trouvent les parents de Fabrice actuellement ?

– À Prague...

– Comment était habillé votre petit-fils le jour de sa disparition ?

– Chandail bleu ciel, blouson de cuir noir, jeans noirs, baskets. C'est comme si je le revoyais encore partir pour l'école ce matin-là... Il avait aussi ses affaires de volley-ball. Un sac Adidas. Il n'avait qu'une heure de cours le jeudi après-midi et, ensuite, son entraînement au gymnase omnisports.

– Il était comment, les derniers temps ?

– Normal. Peut-être un peu plus nerveux. Disons qu'il s'agaçait un peu plus facilement.

– Il sortait ?

– Le soir, vous voulez dire ?

– Par exemple...

– Pas tous les soirs, bien sûr. Surtout les mardi et samedi. À condition de déterminer l'heure du retour.

– Vous savez où il allait en général ?

– La plupart du temps dans des boums. Quelquefois aussi au bowling, mais je n'aimais pas ça. Je le lui ai dit plusieurs fois.

– Pourquoi vous n'aimiez pas ça ?

– J'ai entendu dire qu'il était mal fréquenté...

– Il fumait ?

– Pas que je sache. Avec son volley-ball...

– Vous n'avez jamais trouvé dans sa chambre des... enfin, ce qu'on appelle des joints ?

– De la drogue ?

– Oui.

– Sûrement pas ! »

Silence, puis :

« Je... Après tout, je n'en sais rien. Ici, en tout cas, je n'ai jamais rien trouvé. Ni Jeanne, d'ailleurs. C'est ma femme de ménage. Ni avant ni après. »

Je n'ai plus rien eu à lui demander. Je me suis levé. Peu à peu l'atmosphère s'était alourdie. J'ai pris la feuille quadrillée et je l'ai glissée dans la poche intérieure de mon trench-coat. Madame veuve Rousselet s'est levée à son tour et m'a accompagné vers la sortie.

« Vous pensez pouvoir faire quelque chose ?

– Quinze mois plus tard, ça ne va pas être facile...

– Vous croyez que nous avons trop attendu ?

– Je n'ai rien dit de tel. Et puis, officiellement, l'action de la police n'est pas éteinte. Pour eux, une affaire non résolue n'est pas nécessairement classée. Simplement, monsieur Duroc a dû vous préciser les limites de notre engagement...

– Oui. »

Cela signifiait que si, dans un mois à dater d'aujourd'hui, mes recherches n'avaient abouti nulle part, le cabinet renoncerait à instruire plus avant le dossier. Pour tout dire, il y avait peu de chances d'aboutir. Mais je n'ai pas voulu le lui voir lire dans mon regard. Aussi lui ai-je rapidement serré la main et je suis sorti.

3

Six jours après, je n'avais guère avancé. J'ai passé toute une partie de mon dimanche à réentendre les conversations que j'avais eues avec le proche entourage de Fabrice Delongeau et que j'avais pris soin d'enregistrer avec le consentement des interviewés.

J'avais utilisé la liste que m'avait remise sa grand-mère, telle qu'elle se présentait. Autrement dit, comme les noms avaient dû lui venir à l'esprit.

Le premier que j'ai interrogé est un lycéen de seize ans, Julien Rosel, qui comptait parmi les meilleurs amis de Fabrice. Maigre, longiligne, ses petits yeux noirs m'ont scruté en permanence derrière les verres correcteurs de ses lunettes rondes cerclées d'une fine écaille. Il avait connu Fabrice à l'école primaire, puis leurs chemins avaient différé jusqu'à leurs retrouvailles sur les bancs du cours Lamartine. Son témoignage a été recueilli au *Milk-Bar,* un endroit paisible, sans juke-box ni billard électrique, où quelques lycéens se rejoignent pour mettre une dernière main à leurs dissertations ou à leurs épreuves de maths avant de les rendre aux profs.

« Comme je l'ai déjà dit aux flics, je n'ai pas vu Fabrice, le jour de sa disparition. Il n'est pas venu à Lamartine et j'ai su par Delacre qu'il était parti plus tôt que prévu du gymnase. Sa grand-mère m'a téléphoné, le soir, parce qu'elle s'inquiétait de ne pas le voir arriver. Je ne lui ai pas dit qu'il avait séché ses cours. Pour le gymnase, je ne l'ai appris que plus tard, en discutant avec Delacre, Romain Delacre. Je ne fais pas de volley. D'ailleurs, à part du ski l'hiver, je ne fais pas de sport. En France, c'est une perte de temps puisqu'on ne peut pas le coupler avec ses études et qu'à un moment donné il faut choisir... À part ça, je ne vois rien d'autre à vous dire qui pourrait vous aider concrètement... Préoccupé ? Non. Il ne semblait pas préoccupé. Un peu nerveux, peut-être, mais ça lui était déjà arrivé... Récemment, oui, et aussi d'autres fois. Une petite amie ? Non. Je crois qu'il en pinçait pour une fille de terminale B. Il ne m'en a jamais parlé mais, à sa façon de la regarder lorsqu'elle nous croisait, ça n'était pas bien difficile d'imaginer ce qu'il pensait... Son nom ? Je n'en sais rien. Ce genre de fille ne m'accroche pas. Trop sophistiquée pour être nette. Il ne m'en parlait pas et je ne lui ai jamais rien demandé à son sujet... »

Frank Girard est un grand type costaud, le cheveu noir et dru, qui fait plus âgé que ses dix-sept ans. Il a connu Fabrice à son arrivée au cours Lamartine, en classe de cinquième. Ils étaient voisins de table. Fabrice était un fort en maths et Frank un fort en thème. L'association avait été quasi immédiate et, pour ainsi dire, naturelle. J'ai enregistré son témoignage à la sortie du cours Lamartine, dans le square Thiers, qui se situe près de la rue du même nom.

« On sortait assez ensemble. J'allais voir ses matchs de volley et il venait m'encourager dans mes longueurs de bassin. Un été il m'avait invité chez ses parents, qui se trouvaient à l'île Maurice. Mais les miens n'ont pas voulu. Ils avaient réservé à La Baule. Vous parlez d'une différence ! Après la disparition de Fabrice, Romain et moi, on a un peu décroché. On est sortis moins souvent... Julien Rosel ? Quelquefois, il nous suivait. Mais jamais plus depuis la disparition de Fabrice. Ça lui a filé un vrai choc, je crois. Il s'est complètement plongé dans les bouquins... Une petite amie ? Non. Fabrice n'en voulait pas. Il disait que ça n'attire que des emmerdements. Et pourtant, il aurait pu avoir l'embarras du choix, avec le physique qu'il se payait ! La plus collante, c'était la petite Castain, Sabine Castain... Oui, elle est aussi à Lamartine. En seconde C, à l'époque. Elle ne ratait jamais aucun match de Fabrice. Même qu'une fois ça a foutu la panique parce que Fabrice avait invité une fille de terminale. Un supercanon... Son nom ? Je l'ignore. Non, il n'en parlait pas. C'est Rosel qui m'a soufflé le truc. J'ai charrié Fabrice une fois à son sujet. Ça ne lui a pas plu. Mais alors, pas du tout ! Il ne s'est pas pointé au cours le jour de sa disparition. Quand sa grand-mère m'a téléphoné, le soir, j'étais un rien coincé... Non, je ne lui ai pas dit que je ne l'avais pas vu. Ça lui était déjà arrivé. Deux ou trois fois, pas davantage... Si on fumait ? Des joints, vous voulez dire ? Ça nous est arrivé une fois. À une surboum chez Romain... Delacre, oui. C'est lui qui nous les a fournis. Comment il se les était procurés ? Il n'a pas voulu le dire... Les flics ? Bien sûr qu'ils n'en savent rien ! Pourquoi je vous le dis à vous ? Ça craint moins. Vous êtes un privé. Et puis, entre les flics et vous, s'il y en a un capable de retrouver Fabrice, pour tout vous dire, je ne miserai pas mon argent de poche sur les flics... »

Le troisième de cette bande des quatre est de taille moyenne. Les yeux marron, le cheveu châtain, la peau mate. Il porte une courte cicatrice sur la tempe, tout près de la troisième circonvolution gauche. Une chaînette en or, sans médaille, pend à son cou. Notre entretien a eu lieu dans ma voiture, stationnée sur le parking du supermarché Leclerc.

« Je m'appelle Romain Delacre. J'ai dix-sept ans et je suis élève au cours Lamartine, en classe de terminale. Le jour où mon ami Fabrice Delongeau a disparu, il y a presque quinze mois, il m'avait donné rencart au gymnase omnisports après son entraînement de volley. À la sortie du cours d'histoire, j'ai rejoint une copine chez elle pour lui faire travailler son anglais. J'ai très vite compris qu'elle voulait plutôt travailler autre chose. Je n'en avais aucune envie. Elle a de gros nichons et elle louche un peu. Comme j'ai fait semblant de ne pas comprendre ses avances, elle a voulu jouer les vamps. Elle a branché la hi-fi et s'est mise à tourner autour de moi. Je ne savais plus comment m'en dépêtrer. Heureusement qu'elle a eu la bonne idée d'aller dans la salle de bains. À peine avait-elle refermé la porte que j'ouvrais celle de l'entrée et m'arrachais vite fait. J'avais trois heures à tirer avant de rejoindre Fabrice. Je me suis payé une toile : le bon gros navet américain avec triomphe du héros positif et tout le tralala. Rétrospectivement, bien sûr, j'ai pensé que j'aurais mieux fait de me rendre tout droit au gymnase. Quand j'y suis arrivé, ils étaient encore tous en train de s'entraîner. Tous, sauf Fabrice. Il m'avait dit que c'était hyperimportant, qu'il fallait que je vienne dès la fin de son entraînement. Il voulait me demander mon avis sur un truc qui le touchait de près. Côté famille, je crois. Mais je ne l'ai pas vu pour le savoir. J'ai demandé à son entraîneur, Jean-Charles Brisson. Il m'a dit que Fabrice était parti depuis une demi-heure. Personne ne l'a plus jamais revu... Une fille de terminale B ? À l'époque ? Ça doit être Marianne ou Marion quelque chose... Oui, je vois qui c'est. Un peu bégueule mais sacrément bien foutue. Si celle-là voulait des cours d'anglais, elle n'aurait pas besoin de sonner : je devance l'appel ! Mais ça m'étonnerait, vous voyez. C'est comme pour Fabrice. Il n'avait aucune chance. Elle tape dans la catégorie supérieure : trente-trente-cinq ans, grosse cylindrée ou caisse de luxe. Enfin, officiellement. Parce qu'elle est souvent fourrée à la capitainerie du port en compagnie d'un type qui s'occupe de l'entretien d'un bateau... De l'herbe ? Qui vous a dit ça ? C'est pas un crime ! Qui me fournit ? On en trouve partout ! Mais quel nom ? Puisque je vous dis qu'on en trouve n'importe où ! Les flics ? Ça va pas non ! Oh, et puis merde ! Il se fait appeler Yvon. Il reçoit le chaland dans un bar de la vieille ville, le mardi à partir de dix-huit heures. Si Fabrice le connaissait ? C'est possible. Je lui en avais parlé. Je vous préviens que, si vous me donnez aux flics, je nierai tout en bloc... »

4

Le mardi, je franchis le seuil de *La Frégate,* rue de la Poissonnerie, à dix-sept heures cinquante.

Dix minutes plus tard, un grand échalas filiforme, mal rasé, blafard, la tête chaussée d'une casquette de marin, vêtu d'une chemise au col douteux, d'une paire de jeans fatigués et d'une redingote périmée, fait son entrée. Il ressemble trait pour trait à la description que m'en a faite Romain Delacre, hors entretien et à cette seule condition.

Après avoir refermé derrière lui le battant de verre dépoli, il se dirige tout droit vers le zinc et commande un demi pression.

À cette heure de la journée, le bar fait son plein quotidien. Une faune hétéroclite s'y côtoie jusqu'à une heure avancée de la nuit. J'ai troqué mon trench-coat pour un imperméable. Tout en sirotant ma chope de Kriek-Lambic, je ne perds pas de vue le surnommé Yvon, qui ne cesse d'aller et venir entre le comptoir, la salle de jeux (billard, Baby-foot, flipper) et les toilettes. Il en est à sa troisième pression et à son cinquième client. Des jeunes, pour la plupart, et exclusivement masculins. Il est vrai qu'une fille qui s'introduirait dans cette ménagerie aurait du souci à se faire. Les seules représentantes du beau sexe à s'aventurer dans cette antichambre à bouge sont les prostituées de la rue Gamelin, la bien nommée, puisque le général dont elle porte le nom avait sur lui une syphilis de première bourre.

Le miroir qui recouvre le mur sur toute la longueur du comptoir est barré d'une inscription peinte au rouge à lèvres : « La maison ne sert pas d'alcools aux mineurs... » En revanche, Yvon peut les approvisionner en came sous l'œil faussement ignorant du patron, que ses bons et loyaux services rendus à la police mettent hors de portée des descentes intempestives et des contrôles inopinés, synonymes de baisse de fréquentation. Tard dans la nuit, quand la foule du début de soirée se fait plus discrète, il n'est pas rare de voir quelques tenants de la bourgeoisie locale venir s'encanailler l'espace d'un verre ou deux en compagnie de leurs maîtresses attitrées.

Au cabinet Duroc, Maurice Carton, notre spécialiste des divorces, a eu maintes fois l'occasion de venir poser son arrière-train sur l'un des vingt tabourets alignés devant le zinc, tandis qu'il filait un de ces couples illégitimes.

À vingt heures quinze, Yvon met les voiles et je lui file la poupe. Il remonte toute la rue de la Poissonnerie, laissant successivement derrière lui les trois perpendiculaires qui la coupent. S'engage sur l'avenue Carlone, bifurque dans la rue Émile-Zola, qu'il traverse à la hauteur du numéro 28, pour gagner l'impasse Sieyès. La troisième entrée d'immeuble est la bonne. Je poursuis ma route, comme si de rien n'était, et je fais mine de m'engouffrer dans l'ultime entrée. Quand je me penche pour consulter l'état de la circulation dans l'impasse, j'ai juste le temps d'apercevoir la redingote d'Yvon, qui a rebroussé

ECOLE VOYAGEUR
C.P. 4040, STN FORCES
COLD LAKE, AB

chemin vers la rue Émile-Zola. Prenant mes jambes à mon cou, je fonce droit devant moi et déboule dans la rue en question.

Les quelques passants qui s'y trouvent encore ne ressemblent en rien à Yvon. La rue est longue, étroite et rectiligne. Il n'a pas eu le temps de rejoindre l'avenue Carlone. Je lève le nez et, au bout de quelques minutes qui me paraissent des heures, je vois deux fenêtres s'éclairer presque simultanément, dans deux immeubles. L'une au troisième étage, l'autre au sixième. J'opte pour l'embrasure de porte qui conduit au sixième. Si je fais chou blanc, les trois autres niveaux me paraîtront moins amers.

En entrant dans le corridor empénombré, mon premier réflexe est de lorgner les noms des locataires qui s'alignent sur les treize boîtes aux lettres. Une, collective, est réservée aux seuls paquets. Je cherche et trouve le bouton qui actionne la minuterie. Le dispositif a du mal à se déclencher, mais la lumière finit par arriver. Je parcours les douze étiquettes, sur lesquelles figurent de un à trois patronymes. L'une d'elles porte le nom d'Yves Fauval. L'étage n'est pas indiqué, mais je parierais volontiers sur l'avant-dernier. Le sixième précisément, puisque l'immeuble en comporte sept. À chaque palier, la lumière s'éteint et je suis obligé de m'énerver sur la minuterie. Parvenu au quatrième, je renonce et décide d'achever mon ascension à l'aveuglette. Tous les étages desservent deux appartements. Le sixième ne dépareille pas la collection. Sur la porte de gauche, le nom d'un ménage est épinglé sur le battant. À droite, une porte sans nom. Je tends l'oreille et ne perçois aucun bruit. J'écoute encore quelques secondes puis je me décide à toquer. Rien. Je renouvelle mon geste. Pas le moindre bruissement. Moins encore que s'il n'y avait personne. Si Fauval, qui doit bel et bien se trouver dans cet appartement, ne veut pas m'ouvrir, rien ne peut l'y forcer. Je ne suis pas un flic officiel et je ne peux me prévaloir d'aucune commission rogatoire délivrée par un juge d'instruction. Bien sûr, je pourrais bluffer. Mais, face à des types de cette engeance, cela ne servirait pas à grand-chose. Il me demanderait aussitôt de lui exhiber ma carte tricolore et le bluff s'arrêterait là... Je pense même qu'il a dû éteindre la lumière, juste après avoir réalisé sa bourde. D'ailleurs, aucun rai ne filtre sous le battant. Reste l'hypothèse que je me sois trompé d'immeuble et que ce ne soit pas l'homme que je filais dans la rue, tout à l'heure, qui habite derrière cette porte. Mais, dans ce cas, pourquoi l'occupant des lieux ne m'ouvrirait-il pas ? Pourquoi ce silence aussi ? Je laisse mourir six bonnes minutes, assis dans l'escalier, aux aguets du plus infime faux pas, du moindre craquement venus de l'intérieur, puis je décide de repartir. Bredouille. C'est à cet instant précis que la chance me sourit.

La lumière inonde la cage d'escalier. Un pas léger se met à escalader les degrés. Comme pour moi, presque à chaque palier, la minuterie cale. Un doigt presse et represse le bouton.

L'éclairage jaillit à nouveau. L'escalade se poursuit. Je me lève et grimpe au dernier étage. Le visiteur, enfin, arrive au sixième. Je me penche avec précaution au-dessus de la rampe. C'est une fille. Une gamine de quatorze-quinze ans, le teint pâle, les cheveux longs, raides et roux. Sous son blouson de cuir noir, râpé aux coudes, elle porte un épais chandail de laine saule et une paire de jeans délavés, volontairement troués à l'arrière de sa cuisse gauche. À son tour, elle frappe à la porte de Fauval. Pas de réaction. Je finis par me demander si cet Yves Fauval est bien l'Yvon de *La Frégate*. La fille cogne encore. Rien. Elle réitère aussitôt en précisant d'une voix suave : « C'est moi, Christine. Ouvre, quoi ! Je sais que tu es là. » Le battant finit par s'effacer. Le type passe la tête par l'entrebâillement avant de la tirer à l'intérieur en maugréant : « Qu'est-ce que tu viens foutre ? » Il s'agit bien d'Yvon. La porte se referme. Je redescends un étage. À pas feutrés. De l'autre côté, la conversation se poursuit à voix basse.

La fille : Un type comment ?

Yvon : Imper blanc cassé, gants noirs.

La fille : Non. D'ailleurs, je n'ai vu personne.

Yvon : Tu en es sûre ?

La fille : Évidemment ! Tu as déjà croisé quelqu'un dans un escalier sans t'en souvenir, toi ?

Yvon : Ça va, ça va.

La fille : Qui c'est, ce type ?

Yvon : J'en sais rien justement.

La fille : Un flic ?

Yvon : J'en sais rien, je te dis !

La fille : Embrasse-moi.

Yvon : Fous-moi la paix. Pourquoi t'es venue ?

La fille : Tu sais bien. Allez, embrasse-moi.

Silence. Bruit de vêtements que l'on froisse. Qui glissent. Attendre. Il n'y a que cela à faire puisque, maintenant, j'ai l'assurance de ne pas m'être trompé. Dans le logement : sommier qui couine, gémissements, petit rire nerveux, gloussement, élastique d'un slip ou d'une culotte qui claque sur la peau... Attendre quoi ?

Mon poing se lève et, cette fois, s'abat sans ménagement sur la porte qui se met à vibrer sur ses gonds. Retour au mutisme. Et puis un pas finit tout de même par s'approcher.

Voix de Fauval : Qu'est-ce que c'est ?

Moi : Tu le sais parfaitement, Yvon.

Voix de Fauval : Allez vous faire voir !

Moi : Je veux juste te parler.

Voix de Fauval : Je ne vous connais pas et j'ai rien à vous dire.

Moi : Sois raisonnable, Yvon...

Voix de Fauval : Je vais appeler les flics si vous continuez.

Moi : Pour qu'ils constatent le détournement de mineure ?

Nouveau silence. Enfin, il ouvre. De peur qu'il ne change d'avis en me voyant, je le repousse fermement. Il ne porte qu'un caleçon. La fille est à moitié couchée dans le canapé-lit.

« En général, vos collègues me foutent la paix », laisse tomber Fauval pour dire quelque chose. Parler le premier. Ne pas perdre la face.

« En général, peut-être. Mais moi, je suis très particulier.

– Vous n'êtes pas un poulet ?

– C'est un privé ! » braille la demoiselle.

Fauval n'en croit pas ses oreilles.

« Sans blague ? » fait-il, mi-inquiet mi-goguenard.

Je me tais.

« Vous voulez quoi au juste ? »

Je sors la photo de Fabrice Delongeau et la lui colle sous le nez. Il ne la regarde même pas.

« Jamais vu. »

Je ne relève pas. Me mets à regarder la fille et, m'adressant à elle :

« Quatorze, quinze ? »

Elle ne moufte pas. Je palpe son blouson, son pull.

« Bonne qualité. Tu les as chourés ou tes parents ont du pognon ? De toute manière, je crois que ça ne leur ferait pas très plaisir de savoir que tu t'envoies en l'air avec ce petit dealer... »

Oubliant sa nudité (ou s'en moquant), elle jaillit hors du drap qui ne la recouvrait que partiellement et se met à m'invectiver d'épithètes plus ou moins variées et de noms d'oiseaux très choisis jusqu'à ce que Fauval la coupe.

« Qu'est-ce que vous voulez savoir au juste ?

– Ne lui dis rien, chaton ! » hurle la fille.

Je ne peux pas m'empêcher de sourire. La virilité d'Yvon vient d'en prendre un coup. Se faire traiter de chaton en public ne lui convient guère. Ça l'énerve. Il se retourne promptement vers la fille et lui lance un : « Écrase un peu, tu veux ! » qui la laisse interdite. Elle se renfrogne, se rassied sur le canapé-lit, en tailleur et à même le drap, la moue boudeuse.

Je retends la photo à Yvon. Il daigne y jeter un coup d'œil. Hausse les épaules.

« C'est le môme qui a disparu. Je ne connais pas son nom, mais il est venu me trouver à quatre reprises.

– Came ?

– Forcément ! C'était pas pour sa collection de soldats de plomb...

– C'était quoi cette came ?

– ...

– Tu es devenu sourd ?

– Du cheval.

– Pardon ?

– De la blanche, si vous préférez.

– Et après ?

– C'est tout. Il est venu quatre fois et puis j'ai plus voulu le voir traîner dans mes bottes.

– Tu lui as refilé une adresse ?

– Non. De toute façon la came, c'était pas pour lui.

– Psychologue, hein ? »

Il produit une moue ironique. J'enchaîne :

« Les flics sont au parfum ?

– Manquerait plus que ça !

– Il avait du pognon, alors ?

– Ce qu'il fallait pour payer les doses.

– D'où il le tenait ?

– C'est pas mes oignons.

– T'as pas une petite idée ?

– C'était pas pour lui, je vous dis. Donc le fric ne devait pas non plus être à lui...

– Et après sa disparition ?

– Je ne l'ai plus vu. Ça me paraît logique, non ?

– Ne joue pas au cave, Yvon. Puisque tu dis que cette poudre n'était pas pour lui... Après sa disparition, est-ce que quelqu'un est venu de sa part ?

– Non. »

D'un signe, Fauval me fait comprendre qu'il ne dira plus rien devant la fille. Il se retourne. Leurs regards se croisent. Dans un geste d'agacement, elle se lève, me présente son postérieur et disparaît dans la salle de bains. Bruit d'eau en provenance d'un pommeau de douche.

« Je t'écoute... »

Il se racle le gosier :

« Une fille de la haute. BCBG. Beau châssis, bégueule. Dix-sept ans environ. Prénom Marianne...

– À *La Frégate* ou ici ?

– Non. Pas au bar. Ici, une seule fois. La dernière. Pour payer en nature. En principe, on se retrouvait à la capitainerie du port ou dans les toilettes du bowling.

– Même produit ?

– Oui.

– Elle venait de sa part ?

– Oui. Mais elle n'avait pas l'air d'une camée, elle non plus.

– Décidément ! Tu en conclus quoi ?

– Cherchez le mec, ça vous changera !

– Tu n'as pas une petite idée ?

– Aucune.

– Marianne comment ?

– J'en sais rien non plus.

– Tu l'as revue ?

– Pas depuis quatre mois.

– Depuis que tu te l'es sautée ?

– Exact.

– Elle venait tous les combien ?

– Une fois par semaine.

– Et tu te l'es sautée combien de fois ?

– Je vous l'ai dit : une fois. La dernière. Avec ce genre de girelle, une fois ça suffit. »

Je laisse s'écouler un laps de temps. Dans la salle de bains, la fille a fini de se doucher mais ne réapparaît pas pour autant. Yvon m'a tout dit ou presque. En tout cas, l'essentiel. Facilement, en définitive. Presque trop. Sans doute ne tient-il pas à m'avoir dans les pattes trop longtemps. Aussi a-t-il lâché ce qu'il savait sur Delongeau et la dénommée Marianne qui ne le compromettrait en rien.

Je me dirige vers la porte. Il me suit. Je franchis le seuil : « Tu sais ce que je pense des types comme toi, Yvon ? » La réplique ne se fait pas attendre : « Et de ceux qui viennent m'en acheter, vous en pensez quoi ? » Et il me claque la porte au nez.

5

Huitième jour. Ce matin, Achille Duroc m'a demandé de rester après la conférence hebdomadaire qui se déroule tous les mercredis entre sept heures trente et neuf heures, autour de cafés noirs et de croissants chauds. Il m'a questionné plus à fond sur mon dossier et l'état de mes investigations. J'ai répété ce que je venais de dire pendant la réunion. Il m'a proposé de téléphoner au directeur du cours Lamartine, qu'il connaît personnellement, mais je lui ai dit que, pour le moment, je n'en voyais pas l'utilité. Cette affaire ne concernait en rien le collège privé, et je ne tenais pas à montrer du doigt l'entourage plus ou moins immédiat de Fabrice Delongeau...

Il me restait quatre personnes à rencontrer : Sabine Castain, que le jeune Frank Girard m'avait désignée comme l'amoureuse transie ; la fameuse Marianne à qui Fabrice semblait dévoué corps et âme ; ainsi que Jean-Charles Brisson, l'entraîneur de volley-ball ; et Gilbert Cravelli, le gardien du gymnase omnisports.

J'ai commencé par la petite Castain. Elle ne savait rien ou presque sur Fabrice, mais elle m'a quand même fourni deux détails importants : le nom de la belle Marianne avec ses coordonnées, et puis la présence d'un homme rondelet, de petite taille, qu'elle avait aperçu à plusieurs reprises, les derniers temps, en compagnie de Fabrice. C'était la première fois que cet homme entrait en jeu dans cette histoire et, tout à coup, j'ai senti que je tenais peut-être une piste intéressante. D'autant que la police n'était jamais venue voir Sabine Castain. Néanmoins, je suis allé vérifier auprès de Julien Rosel, Frank Girard et Romain Delacre les dires de la jeune fille au sujet de ce quidam. Les deux premiers ne m'ont rien confirmé ni infirmé. Delacre, en revanche, s'est souvenu d'avoir vu Fabrice discuter un jour avec un type du même gabarit que celui décrit par Sabine Castain. L'homme se tenait près d'une Super-Cinq Five gris métallisé immatriculée dans les Hauts-de-Seine. Comme il venait juste de quitter son copain, ce jour-là, Delacre n'a plus pensé à demander à Fabrice de qui il s'agissait. S'il les avait revus ensemble, sans doute lui aurait-il posé la question. La petite Castain m'avait dit qu'elle avait repéré Fabrice Delongeau et l'inconnu à plusieurs reprises, deux à trois mois avant la disparition de l'adolescent. Delacre m'a confirmé la période...

Marianne Lanneret habite une propriété sur les hauteurs de la ville. Son père est le P-DG d'une des plus importantes entreprises de matériel informatique de la région et possède des parts dans l'un des deux quotidiens régionaux. Sa mère exerce la profession d'ophtalmologiste et préside une association humanitaire...

Enfant unique, Marianne Lanneret a, de tout temps, mieux connu ses baby-sitters et ses nurses que ses propres parents. Elle n'a rejoint l'école qu'à l'âge de sept ans, après avoir passé deux années en compagnie de précepteurs et étudié l'anglais et l'allemand en même temps qu'elle babillait encore sa langue maternelle. Brillante élève à ses débuts, elle s'est peu à peu détournée de son travail. Elle n'a dû de gagner sa place en terminale qu'à la bienveillance de deux enseignants (on avait même susurré le terme de paiement en nature) et du directeur de Lamartine. On la disait plus à l'aise dans les boîtes de nuit et les cabines de bateaux qu'au tableau noir. C'est du moins ce que m'a laissé entendre Anatole Bourier, le chroniqueur mondain de l'hebdomadaire *By-Night,* auquel je dois ce luxe de détails sur la famille Lanneret. Actuellement, Marianne poursuit ses études universitaires, en deuxième année d'histoire.

6

Pour entreprendre Marianne Lanneret, j'avais le choix entre son domicile, dans la villa de ses parents, ou n'importe quel soir de la semaine au *Baccara,* la boîte de nuit la plus en vue et la plus coûteuse de la ville.

Les deux hypothèses présentaient autant d'avantages que d'inconvénients. Le côté positif de la villa, c'était sa tranquillité. De plus, la fille y serait très probablement seule, à un moment ou à un autre de la journée, mis à part un ou deux domestiques. Le revers, c'était justement le ou les larbins. Comme pour les autres, je ne voulais pas placer Marianne Lanneret dans une posture délicate vis-à-vis des siens.

Son éducation ne me regardait pas. L'une des devises du cabinet Duroc, la discrétion, n'était pas un vain mot. En revanche, au *Baccara,* pas de problème de proximité avec sa famille. Mais comment aborder sereinement cette fille sans doute entourée par une brochette de jeunes rupins ? C'est pourtant cette solution que j'ai retenue. Peut-être aussi parce que Bourier m'avait donné une clef : annoncer au videur que je venais de sa part. Ce que j'ai fait.

Lorsque Marianne Lanneret a débarqué, j'ai vu le grand gaillard aux cheveux ras, le torse bombé et les muscles saillants sous son smoking noir, arrêter la fille et lui faire signe de rejoindre le coupé Alfa Romeo GTV 6 que j'avais garé à une cinquantaine de mètres du *Baccara.* Il venait ainsi de remplir le contrat qui le liait à l'un des Montesquieu que j'avais extraits de mon portefeuille.

Elle s'est avancée d'un pas décidé. Elle était vêtue d'une grande cape de laine, boutonnée sur le devant et fermée au col par une sorte de lacet. Grande, blonde, bien faite, il se dégageait d'elle une sensualité particulière. Sur le rouleau de bitume, rendu huileux par le crachin compact qui s'était mis à tomber en fin de journée, elle ne marchait pas : elle glissait dans une sorte de mouvement qui paraissait aller de soi. Arrivée à la hauteur de ma voiture, elle s'est légèrement inclinée vers moi. Son visage m'est apparu à contre-jour des réverbères de la rue Féric. D'un ovale parfait, avec de grands yeux d'un vert pâle et une bouche pulpeuse.

« Vous êtes Marianne Lanneret ?

– Et vous ?

– Joyaud. Détective privé. »

Ça ne l'a même pas fait sourire. Elle a aussitôt esquissé une volte-face. Je m'y attendais un peu. Mon bras s'est détendu et ma main lui a enserré le poignet. Pas trop, pour ne pas lui faire mal. Assez, pour qu'elle ne cherche pas à se dégager.

« Laissez-moi ou j'appelle Henri ! »

Henri Morini. Le videur du *Baccara.* Le type à qui j'avais remis le Montesquieu tout neuf. J'ai dit :

« Henri avec un i ou un y ? »

Puis, j'ai enchaîné :

« Vous préférez une conversation avec moi ou un interrogatoire avec la police ? »

Elle a eu un mouvement d'épaules.

« La police ne me touchera pas.

– Vous pariez ? »

Un instant, nous nous sommes défiés du regard. Puis j'ai senti sa résistance mollir.

« Lâchez-moi.

– Si vous avez décidé de me jouer un tour, j'irai directement chez les flics.

– Vous voulez que je monte, oui ou non ? »

Je l'ai lâchée. Elle a sagement fait le tour de la voiture, ouvert la portière et s'est assise à mes côtés. J'ai attaqué tout de suite :

« Fabrice Delongeau, ça vous dit quelque chose ? »

Elle a poussé un long soupir, continuant de regarder droit devant elle, avant de répondre :

« J'étais sûre qu'un jour ou l'autre quelqu'un viendrait me voir pour cette histoire...

– Alors ?

– Puisqu'il paraît que nous devons avoir une conversation tous les deux, j'aimerais autant que ce soit dans un lieu sympa qui me fasse oublier que vous allez gâcher ma soirée et où l'on puisse boire un verre. J'ai soif.

– Le *New Store,* ça vous irait ?

– Je préférerais le *Buckingham Club*, si vous n'y voyez pas d'inconvénient... »

La note de frais s'annonçait salée. J'ai mis le moteur en marche et j'ai embrayé. Dix minutes plus tard, je garais mon Alfa de seconde main dans le parking souterrain de l'avenue Kennedy, qui conduit directement aux salons du plus célèbre hôtel de la ville et de son club très renommé. Dans l'ascenseur, Marianne Lanneret s'est défaite de sa cape. Elle portait une robe noire au décolleté très généreux qui ouvrait sur deux globes de chair bronzée dont l'un était orné d'un émouvant petit grain de beauté. Dans sa longueur, si l'on peut dire, la robe s'arrêtait à la naissance des cuisses quand on part du postérieur. J'ai tout fait pour garder mes distances, mais j'en ai quand même pris un coup. Dans la vue et au creux du ventre. Pour sa part, elle a fait semblant de rien.

Nous avons pris un box individuel dans la deuxième salle du club. D'autorité, elle a commandé un manaos et une portion de tiramisù. Je me suis contenté d'un side-car. En attendant que le garçon nous serve, elle a fouillé la poche de sa cape et en a extrait un paquet de Rothmans rouges. Elle m'en a proposé une. J'ai décliné l'offre. Elle a grillé l'embout de son cylindre avec une allumette qu'elle a détachée de la boîte posée sur la table à l'intention de la clientèle.

« Vous venez souvent ici ? » ai-je demandé pour dire quelque chose, histoire de faire arriver le serveur.

Elle a recraché un nuage de fumée.

« Quand on m'y invite. »

Je me suis dit que ses sorties ne devaient pas lui coûter très cher. J'ai aussi essayé de ne pas laisser trop traîner mes yeux dans son décolleté. Elle a poursuivi sur le ton badin :

« Il y a deux ou trois salons derrière, pour les dîners intimes. C'est très sympa. »

Le serveur est revenu. Il a disposé devant nous les deux verres et la portion de gâteau, glissé le ticket de caisse sous le cendrier de cristal.

« À la vôtre ! » a-t-elle fait en levant son verre.

Je l'ai imitée.

« Finalement, a-t-elle continué, c'est aussi bien d'être là avec vous qu'avec tous ces raseurs qui ne pensent qu'à se trémousser contre moi... »

Même si elle n'en pensait pas un mot, j'ai jugé plus prudent de mettre un frein.

« Revenons à Fabrice Delongeau... »

Une nouvelle fois, elle a eu ce mouvement d'épaules qui relevait plus de l'arrondi que du haussement.

« Qu'est-ce que vous voulez tellement savoir ? C'était un brave garçon. Très bien foutu au demeurant. Mais un peu trop jeune quand même et du genre pot de colle. J'ai eu tort de le laisser m'embrasser, un soir, sur le port. Il a peut-être cru que c'était arrivé. En fait, j'ai fait ça pour m'en débarrasser, pour qu'il aille jouer ailleurs en racontant à ses petits copains qu'il m'avait je-ne-sais-quoi sur l'embarcadère, et qu'ils fantasment tous là-dessus... Je... je lui avais dit que ce n'était pas possible. Mais lui, il insistait toujours...

– Et vous vous en êtes servie...

– Pardon ?

– C'était lui qui vous approvisionnait, non ?

– Qui m'approvisionnait ?

– Coke, cheval, etc.

– Je n'ai jamais touché à ça ! »

Le ton est monté d'un cran. Mais sans cri. Une diction plus ferme, c'est tout.

« J'ai des témoins...

– Ah oui ? Eh bien, amenez-les-moi un peu qu'on voie ! Je fume, ça oui. Quelques joints par-ci par-là. Mais le reste, non.

– Pourtant, après la disparition de Fabrice, c'est vous qui êtes allée trouver le dealer...

– Et alors ? Ça prouve quoi ?

– Ce n'était pas pour vous ?

– Non.

– Pour qui ?

– ...

– Votre petit ami ? Celui du port ?

– Ça ne vous regarde pas. »

Elle pose sa cigarette dans le cendrier, reboit une gorgée de son cocktail et plonge sa cuiller dans le gâteau.

« Pourquoi n'y êtes-vous plus retournée ? »

Elle prend son temps pour mâcher et déglutir sa bouchée de tiramisù, mais ne répond toujours pas. Je poursuis :

« Votre petit ami vous a laissé tomber ?

– ...

– Pourquoi avoir couché avec Fauval ? »

Elle lève la tête. C'est déjà une réaction.

« Qui ça ?

– Yves Fauval. Le dealer. Yvon, si vous préférez...

– Je ne préfère rien du tout ! »

Mais, cette fois, je l'ai touchée. En plein amour-propre. Au cœur, on tue. À l'amour-propre, on blesse. C'est beaucoup plus douloureux.

« Parce que j'en ai eu envie. Ça vous va ?

– Vous ou lui ?

– Ça n'a rien à voir avec Fabrice et...

– Vous ou lui ?

– Moi. C'est toujours moi qui décide.

– Vous savez ce que je crois ?

– Je m'en tape !

– La dernière fois que vous êtes allée trouver Yvon, il n'a pas voulu de votre fric ou de celui de votre copain le camé. Ce qu'il voulait, c'était vous. Il vous a eue et ne se gêne pas pour le faire savoir. »

Elle ouvre la bouche pour rétorquer, mais aucun son ne vient. Ce n'est pas comme si elle s'était ravisée, non. La réplique lui est restée dans la gorge.

Cela se voit à sa façon de pincer les lèvres et de

serrer les mâchoires. Elle ne boude pas. Ses yeux brillent d'une rage contenue. Avec le tranchant de sa cuiller, elle se met à hachurer nerveusement les bords de son gâteau comme un enfant pris en défaut et qui ne sait plus se sortir honorablement d'une situation humiliante sans en passer par les larmes. J'enfonce le clou :

« C'est pour ça que vous n'y êtes plus retournée ? »

Aucune réponse. Maintenant, elle s'est mise à tasser ce qui reste de sa portion de Tiramisù avec le dos de la cuiller. Sans autre but que d'éviter une échéance. À moins que ce ne soit pour atténuer les rainures tracées par ses précédents coups.

Elle paraît avoir recouvré un peu de son calme, mais je n'en jurerais pas. Elle peut tout aussi bien être au bord d'une rupture. À sa place, je serais parti. Si elle l'avait fait, comment aurais-je réagi ? Le *Buckingham Club* n'est pas un bar à scandales. Il m'aurait fallu régler l'addition, demander une note. Perdre du temps. Ce qui lui aurait permis de s'éclipser.

Mais elle ne bronche pas. Ne fait rien. Ne dit rien. Donne même l'impression qu'elle ne parlera plus. J'y suis peut-être allé un peu fort. Inutile de s'éterniser.

J'avise le garçon. Lui fais signe. Il s'approche, je lui glisse deux Delacroix et un Quentin de La Tour et je me lève. Elle n'a pas remué un cil. Pas prostrée. Non. Ni butée. Ailleurs.

Je lui prends le bras et, au bout de quelques secondes, elle finit par lever la tête, ramasse sa cape, se lève et me suit. Nous traversons le *Buckingham,* elle comme un automate, moi en évitant le regard de la clientèle. Sur le trottoir de l'avenue Kennedy, un courant d'air frais nous saisit. Dans sa courte robe noire, elle tressaille. Jette négligemment sa cape sur ses épaules, sans la boutonner. Nous nous dirigeons vers les ascenseurs qui conduisent au parking. C'est alors que ma note de frais me revient comme un boomerang à l'esprit. Je me traite mentalement de tous les noms. Jamais le vieux Duroc n'acceptera de me rembourser ce petit extra sans justificatif.

Ce n'est qu'une fois installée sur le siège du passager qu'elle se remet à articuler. D'un ton monocorde. Son enfance, sa famille, sa solitude, tout y passe. Entrecoupé de hoquets et de reniflements. Soudain, je me sens totalement désarmé devant cette fille de vingt carats, à la réputation établie, qui se désagrège au fil des minutes pour redevenir ce qu'elle est en réalité, face à elle-même : une gamine de nouveaux riches, un rien fragile et laissée pour compte, qui compense le manque d'affection de ses géniteurs par le contact avec des hommes mûrs, à la limite de la correctionnelle. Romain Delacre avait raison : Fabrice Delongeau n'avait aucune chance. Trop jeune, trop propre sur lui. Pas de comparaison sans doute avec ce type qu'elle retrouve de temps à autre au port, près de la capitainerie, et qu'elle ravitaille en came. Je n'ai aucune peine à l'imaginer : mal rasé, fringué comme l'as de pique, probablement tatoué, beaucoup plus âgé qu'elle, l'archétype du pleutre à gros biscottos...

Je la laisse s'épancher jusqu'au bout. Se démaquiller l'intérieur. Sans l'interrompre. Ça n'est pas tous les soirs qu'elle doit pouvoir étancher sa soif de dire ce qu'elle a sur le cœur. Au *Baccara* ou sur les quais du port de plaisance, elle doit jouer le rôle qu'elle s'est assigné pour sortir du malaise. Le gommer, au moins pour quelques heures. Autant de gagné sur la journée. À un moment donné, je me dis qu'elle n'en finira jamais. Que vingt ans d'une vie, c'est parfois beaucoup plus long à raconter que ce que l'on croit. Surtout s'ils sont assortis d'autant de solitude en famille...

Quand elle s'arrête, enfin, le silence retombe et je me prends à regretter le son de cette voix étreinte par le chagrin et la peur. Je me sens empêtré, confus. Je ne peux m'empêcher de penser à Marine, ma fille, qui vit avec sa mère. Jamais encore elle ne m'a parlé de mon divorce avec Nicole. De ce déchirement qui fut aussi le sien. Et si, un soir, dans cinq ou dix ans, elle se retrouvait comme Marianne Lanneret, aux côtés d'un inconnu, à raconter ainsi sa vie descendue au fond d'un gouffre ?

« Je vous ramène au *Baccara.* On reparlera de tout cela une autre fois. Rien ne presse... »

Ma voix est blanche. Ce ne sont que des mots. Je tourne la clef de contact, embraye, enclenche la marche arrière. Sa main se pose sur mon bras.

« J'aimerais... J'aimerais rentrer chez moi.

– On va s'en occuper », dis-je d'un ton qui se veut dégagé.

La colline des Amandiers domine toute la ville. On n'y trouve pas plus d'amandes que d'agrumes sur le sol irlandais, ou, tout au moins, n'en trouve-t-on plus depuis que les amandiers ont été déracinés, voici quelques décennies déjà, au profit de villas tape-à-l'œil.

La demeure des Lanneret est semblable à toutes les bâtisses qui meublent cette colline. Spacieuse, élégante, en pierre de taille. À l'abri derrière son mur d'enceinte. Je dépose Marianne devant la grille en fer forgé.

« Je peux vous offrir un verre ? »

J'hésite.

« Il est un peu tard...

– Mes parents ne sont pas là. Il n'y a que Marcel, le gardien. Ma mère est à un congrès à Lausanne et mon père... mon père est dans sa garçonnière, rue Debelleyme. 16, rue Debelleyme. »

Elle se rapproche. Sa main, son bras glissent le long de mes épaules. Tout pourrait arriver.

« Une autre fois, je réponds. Une autre fois... »

Mais ce n'est pas moi. Ce n'est pas ma voix. Marianne se détache. Elle me sourit tristement. Un pauvre petit sourire perdu quelque part au milieu d'une idée fixe : compenser. Ne pas se retrouver seule. Avant de quitter l'habitacle, elle dépose un baiser furtif sur ma joue.

Devant la grille, elle sonne. Quelques secondes plus tard, le sésame électronique bourdonne dans la serrure. Elle pousse le vantail, se retourne. Je lance : « Une autre fois. C'est promis. » Elle relâche le vantail et s'engage dans l'allée gravillonnée, qui crisse sous ses pas. Tout pouvait arriver.

7

J'ai passé une sale nuit. Tournant et retournant dans mon lit sans parvenir à trouver le sommeil. À six heures trente, le réveille-matin a sonné. J'ai rejeté la couette et j'ai vraiment mis un pied devant l'autre.

Après une longue douche et un petit déjeuner frugal, je suis passé au bureau. Joëlle Lanvier m'a fait une réflexion sur un rapport que je devais remettre dans son bac à frappe et je l'ai envoyée sur les roses. Je n'étais pas d'humeur. Sur quoi, je suis parti au gymnase omnisports, rue Gabriel-Péri...

En plus de ses fonctions d'entraîneur de volley-ball, Jean-Charles Brisson était professeur d'éducation physique. Je l'ai laissé achever son cours avant de venir le questionner sur son volleyeur prodige. Mis à part des renseignements purement sportifs, il ne s'est pas montré très loquace. Il ne fallait pas être grand clerc pour comprendre qu'il ne savait rien. Il regrettait simplement cette disparition, qu'il mettait sur le compte d'une fugue sans pouvoir en expliquer la raison, parce que Fabrice lui avait toujours paru très équilibré. De plus, c'était un excellent passeur, un jeune très doué qui serait devenu un joueur de classe internationale. Ainsi soit-il. Il n'y avait rien à tirer de ce type-là. Il ne feignait pas l'ignorance, il était réellement hors du coup.

J'ai demandé à rencontrer le gardien du gymnase, une ou deux personnes des services administratifs, mais là aussi, sur le moment, ça n'a pas donné grand-chose. Seul le gardien, Gilbert Cravelli (que Delacre m'avait conseillé d'aller voir, lors de notre deuxième entretien), s'est rappelé, quand j'y ai fait allusion, un homme de petite taille, enrobé, qu'il avait surpris à rôder dans le couloir conduisant aux vestiaires, deux ou trois mois avant la disparition de Fabrice. Quand il avait demandé à l'inconnu ce qu'il cherchait, celui-ci avait répondu sans se démonter qu'il attendait Fabrice Delongeau. C'est tout ce qu'il se rappelait d'« insolite » concernant l'adolescent. Je ne sais pas pourquoi, tout le temps qu'il a passé à me donner des précisions, Cravelli m'a paru inquiet, pressé d'en finir. Après coup, j'ai compris. Je l'ai laissé rejoindre le placard à balais où je l'avais déniché. Là, je l'ai vu coller son œil contre un orifice pratiqué dans la cloison et dissimulé derrière un miroir qu'il avait pris soin de dévisser. Dans la pièce attenante se trouvaient les douches. Je me suis demandé qui, de l'inconnu ou de Cravelli, avait pu surprendre l'autre, le jour de leur rencontre, et ce qui en était vraiment résulté. Finalement, ce gardien valait peut-être mieux qu'un simple micro-couloir. Je me suis proposé de lui faire une interview en règle, le jour même, après ses heures de travail. Il finissait aux alentours de dix-huit heures trente, relayé pour la nuit par un quatuor de maîtres-chiens...

Quand il a franchi le seuil de l'immeuble où il habitait avec sa femme, juste après les boîtes aux lettres et devant l'ascenseur, il s'attendait à tout sauf à me revoir. Ça lui a filé un choc. J'ai profité de cet avantage psychologique.

« Vous préférez qu'on monte chez vous ou qu'on aille se balader ?

– J'ai pas envie de me balader...

– Il n'y a qu'à monter, alors, ai-je rétorqué en enfonçant la touche d'appel de l'ascenseur.

– Je n'ai plus rien à vous dire.

– Je crois que vous en savez un peu plus que vous ne m'avez dit ce matin dans votre empressement...

– Ça reste à voir. »

L'ascenseur est arrivé.

« Après vous », l'ai-je invité en ouvrant la porte.

Il n'est pas rentré.

« Qu'est-ce que vous voulez ?

– Que vous me parliez davantage de Fabrice Delongeau et du type que vous avez surpris (c'est bien ça ?) dans le couloir des vestiaires... »

Il a légèrement tiqué.

« Je vous ai tout dit. J'en sais pas plus.

– J'aimerais le réentendre...

– Vous êtes dur de la feuille ?

– Non. J'aime le son de votre voix... Comment savez-vous, par exemple, qu'il voulait voir Delongeau ?

– C'est lui qui me l'a dit.

– Et ça vous a suffi ?

– Pas du tout. Je suis allé demander au petit.

– Conclusion ?

– Il a paru embêté, mais il m'a dit qu'il le verrait...

– Fabrice Delongeau était dans les parages ?

– Oui. C'était à la mi-temps d'un match d'entraînement. Il était dans les vestiaires.

– Vous en êtes sûr ?

– Qu'est-ce que ça peut bien faire, l'endroit où il se trouvait ? Ça ne change rien de toute façon !

– Il pouvait être ailleurs... Dans les douches, par exemple...

– Fouille-merde ! » siffle-t-il.

Je crois que nous nous sommes compris. J'élude son apostrophe et je poursuis :

« C'est là, en fait, que le type *vous* a surpris un jour. Avec Delongeau ou un autre...

– C'est faux !

– Un qui se serait peut-être un peu attardé et que vous auriez rejoint après avoir remis en place le miroir contre...

– Fermez-la !

– On va faire un tour, Cravelli ? »

Cette fois, il est d'accord. Dix minutes plus tard, j'en savais à peine plus.

Le type de petite taille, rondelet, s'appelle ou se fait appeler Francis Clavet. Il se dit VRP d'un manager chargé de repérer, parmi de jeunes sportifs, les pousses en devenir, leur proposant des précontrats qu'ils entérinent une fois devenus titulaires dans des équipes de haut niveau. Jusqu'à leur majorité légale, le rapport contractuel entre l'imprésario et le joueur est géré par sa famille.

« Une nouvelle engeance de rapaces, en quelque sorte. Je croyais que le volley-ball était un sport amateur.

– Il y a des tas de gogos qui croient que le sport amateur existe encore. Mais cet été, à Barcelone, il y aura, sur la piste ou sur les stades, des athlètes de disciplines individuelles ou collectives qui pèsent plusieurs millions de dollars. L'esprit olympique. Laissez-moi rigoler ! »

Dépravé mais moraliste, Cravelli. L'amateurisme marron le mettait en pétard. Inutile de lui dire, alors, que le président du Comité international olympique, justement, n'était autre qu'un ancien cadre de la Phalange franquiste, ex-ambassadeur du dictateur fasciste Franco. Ça aurait pu le laisser sans voix...

Je suis revenu à mes questions sur un champion :

« C'était quoi votre rôle dans ce tour de passe-passe, Cravelli ?

– Persuader le môme pour qu'il convainque sa famille...

– Résultat des courses ?

– Il n'était pas chaud.

– C'était pourtant contre vos principes...

– On s'adapte...

– Vous deviez toucher une commission ?

– Juste un pourboire. Mais ça met toujours du beurre dans les épinards...

– Qu'est-ce que vous deviez dire ou faire pour le persuader ?

– Lui mettre un peu de pression, c'est tout.

– Et du coup, pfuit ! il disparaît. Vous n'allez pas me faire avaler cette couleuvre, Cravelli !

– Il n'y a pas de couleuvre ! C'est tout ce que j'ai fait !

– Précisément, qu'est-ce que vous avez fait ?... Écoutez, Cravelli, je ne vous lâcherai pas et, si je ne suffis pas, ce sont les flics que je vous mettrai sur le dos. »

Il réfléchit quelques secondes avant de laisser tomber :

« C'est pas facile à dire... »

Je le laisse continuer. Il est mûr. Encore quelques instants de patience et puis il accouche...

La pression qu'il avait soi-disant été chargé de mettre sur les épaules de Fabrice Delongeau, c'est l'autre, le type rondelet, de petite taille, qui la lui avait mise, à lui, Gilbert Cravelli, le jour où il l'avait pris en flagrant délit de voyeurisme dans son placard à balais.

« D'abord, confesse le gardien du gymnase, il m'a dit qu'il connaissait bien les gens de la Fédération. M'a cité trois noms. Ça m'a foutu les chocottes. J'ai quand même voulu vérifier. J'ai téléphoné en demandant si on connaissait un dénommé Francis Clavet. La réponse a été affirmative. La fille du standard m'a répondu sans hésiter, comme si c'était le loup blanc en personne. Alors, j'ai vraiment eu la trouille, vous comprenez. Il y a douze ans que je bosse dans ce gymnase, personne n'a jamais rien su et, après tout, je ne fais aucun mal, quoi ! Il m'a demandé de faire plonger le môme. Il m'a dit aussi qu'il avait un argument massue si ça ne suffisait pas, mais qu'il ne l'utiliserait qu'en dernier recours...

– La question est toujours la même, Cravelli. Qu'est-ce que vous avez fait pour “faire plonger le môme”, comme vous dites ?

– Ce que m'a demandé Clavet. Qu'est-ce que vous vouliez que je fasse ? »

Il a encore fait mine d'hésiter un court instant, histoire de se donner bonne conscience, puis il a mangé le morceau...

Clavet lui avait signalé la « liaison » de Fabrice avec Marianne Lanneret et le fait qu'il lui livrait de la came. Un soir, Clavet avait filé le jeune Delongeau, au bowling d'abord, puis à la capitainerie du port de plaisance. Là, il l'avait vu remettre à la fille un sachet de poudre. Il avait suivi la fille jusqu'à un Day cruiser nommé le *Lauréat*. Le lendemain, il était revenu se balader sur l'embarcadère. Un type était en train de briquer le pont. Une espèce de grand escogriffe, la peau tannée par le soleil, les jambes légèrement arquées, aussi puissantes que le torse. Clavet avait chargé Cravelli de glisser à Fabrice que, s'il ne cédait pas, il irait tout raconter à son entraîneur. Apparemment, le jeune Delongeau n'avait pas cédé. C'est alors que Clavet avait dû sortir son argument massue...

Comme il me sent perplexe, Gilbert Cravelli me donne, sans que je lui demande quoi que ce soit, le numéro d'immatriculation de la voiture de Clavet. Il s'agit bien de la Renault Super-Cinq Five enregistrée dans les Hauts-de-Seine dont se souvenaient Sabine Castain et Romain Delacre.

« Vous avez une idée de cet "argument massue" ? je lui demande.

– Non. »

Cette fois, je le crois.

8

À mon retour au cabinet Duroc, Joëlle Lanvier me tend un courrier. Sans commentaire. Les lèvres pincées. Elle a toujours en travers la petite passe d'armes de ce matin. Ça ira mieux demain...

La lettre a été expédiée en Chronopost. Je la décachette. Elle est manuscrite et signée de la petite Lanneret.

Cher Monsieur,

Je voudrais d'abord m'excuser pour mon comportement de la nuit dernière. J'ai craqué. Le trop-plein. Besoin de me vider plus que de me confier ou de me confesser. C'est vous qui étiez là. Cela nous a un peu fait perdre les pédales, surtout à moi, et vous-même n'avez pas osé reprendre votre interrogatoire. Au passage, merci pour le verre au Buckingham *et le raccompagnement en voiture jusque chez moi.*

J'en viens à la véritable raison de cette lettre.

Cela concerne Fabrice. Quelques mois avant sa disparition, il m'a parlé d'un homme, un certain Francis Clavet, qui serait venu le voir et lui aurait proposé un contrat auquel je n'ai pas compris grand-chose. Je me méfiais aussi un peu de ce que pouvait me raconter Fabrice pour m'obliger, si je puis dire, à le considérer autrement. À le prendre plus au sérieux...

Le fait est qu'il est revenu assez souvent sur le sujet. On se rencontrait quelquefois, le samedi soir, sur le port de plaisance, quand j'attendais ce qu'on peut appeler un « ami ». Je savais que cette situation n'était pas bonne pour Fabrice, mais je ne me résolvais pas à le lui dire franchement. D'un autre côté aussi, peut-être que sa présence et son intérêt à mon égard me réconfortaient. Qu'il m'ait servi de commissionnaire dans l'histoire que vous savez n'entre pour rien dans tout cela.

Quoi qu'il en soit, le Clavet en question l'avait rencontré à plusieurs reprises. Fabrice le dépeignait comme un homme déplaisant, assez antipathique, sévère, de petite taille, enveloppé. Je vous donne ces détails comme ils me viennent... Le type possédait un dossier sur lui, paraît-il. Ne me demandez pas quel genre de dossier, Fabrice ne me l'a jamais dit et je ne le lui ai jamais demandé. Simplement parce que j'ai cru qu'il affabulait pour les raisons que j'ai énoncées avant.

Et puis, un soir, une semaine avant sa disparition, il était très énervé, déprimé. Il m'a dit détenir la preuve que sa mère n'était pas sa véritable mère. Que le type lui avait tout dit. Encore une fois, sur le coup, je me suis dit qu'il exagérait. Il connaissait mes propres sentiments à l'égard de mes parents et tout ce qui s'ensuit. Je me suis contentée de l'écouter gentiment et de lui demander ce qu'il comptait faire. Il m'a répondu qu'il n'en savait rien. Le type lui avait proposé de lui faire rencontrer sa véritable mère...

Après sa disparition, j'ai été questionnée, sans plus, par des policiers. Je me suis contentée de leur expliquer que Fabrice était amoureux de moi. Pour le reste, évidemment, je me suis tue.

Voilà. Maintenant, je vous ai tout dit. Par écrit et l'esprit clair, c'est plus simple. J'aimerais bien que ce courrier reste entre nous. Je vous fais confiance...

Je ne sais toujours pas si vous avez eu raison ou tort de ne pas venir prendre ce verre que je vous ai offert, hier soir. Mais vous êtes un des rares, depuis longtemps, à n'avoir pas profité de la situation.

J'espère donc que la présente ne vous empêchera pas de venir me demander des précisions, si le besoin s'en fait sentir. Et aussi de venir prendre ce verre qui reste en suspens entre nous. De toute façon, vous m'avez promis. Vous vous souvenez ?

Marie-Anne Lanneret.

Je note en passant le Marie-Anne. Son véritable prénom qu'elle contractait pour la galerie en Marianne.

Je relis la lettre, prends quelques notes sur un feuillet de mon bloc à messages et je la déchire avant de la jeter dans la corbeille à papiers. Il n'est pas loin de vingt heures trente. Le cabinet Duroc respire le silence. Je ne m'attarde pas davantage. Dans le hall d'entrée, je croise les hommes de ménage de la société d'entretien.

9

Le lendemain matin, après avoir demandé à Achille Duroc de contacter pour moi le service des cartes grises de la préfecture de police, je file au 57, boulevard François-Grosso, chez la veuve Rousselet.

Même salle à manger, mêmes table et bahut Régence, mêmes chaises cannées. Même chat bleu de Russie, mais, cette fois, il est juché sur une des chaises. Madame Rousselet m'invite à prendre place sur le canapé en cuir vert émeraude. Comme ce n'est pas l'heure du thé ni tout à fait celle de l'apéritif, elle m'offre le choix entre un café ou un jus de fruit. À tout prendre, j'opte pour le café. La bonniche est là qui s'en charge.

« Voilà dix jours, maintenant, que nous nous sommes vus, n'est-ce pas ?

– Ça doit être ça, en effet.

– Vous m'apportez des nouvelles ? »

J'inspire à fond avant de relâcher la quantité d'air emmagasinée.

« En réalité, je suis venu vous revoir pour vous demander deux ou trois précisions...

– Est-ce que cela signifie que vous n'avez rien de nouveau ?

– Pas exactement... »

Son visage s'éclaire quelque peu. Je tempère ses illusions :

« Encore faut-il que je puisse vérifier certains détails...

– C'est toujours mieux que la police, fait-elle.

– À ce propos... Les policiers ne vous ont jamais dit, au cours de l'enquête, que Fabrice ne s'était pas rendu à ses cours le jeudi 27 novembre 1990 ?

– Je ne me souviens plus de ce qu'ils m'ont dit. Lorsque j'ai rencontré le commissaire principal Lourmel, je ne pense pas qu'il m'en ait parlé. Ses inspecteurs, franchement, je ne m'en souviens plus... Est-ce si important ?

– Non. Plus maintenant. »

La bonniche revient, portant un plateau en écaille sur lequel ont été disposés deux tasses, un petit sucrier et deux cuillers. Elle s'apprête à poser le plateau sur la table, mais la veuve Rousselet lui fait signe de le mettre entre nous, sur le canapé. La bonniche s'exécute avec une mimique réprobatrice. Le sucre, c'est pour moi seul. Comme l'autre jour avec le thé, nous buvons chacun deux gorgées avant d'en revenir à nos moutons.

« Quelles sont ces précisions que vous vouliez me demander, monsieur Joyaud ?

– Eh bien, voilà... Lorsque vous avez décidé de faire appel au cabinet Duroc, qui en a eu l'idée ? »

Elle paraît surprise et se rembrunit presque.

« Cela a-t-il un rapport avec la disparition de Fabrice ?

– Ça se pourrait, oui, je lui réponds sans finasser.

– C'est moi. Mais ma fille et mon gendre ont approuvé cette proposition.

– Aussitôt ?

– Oui. Enfin presque... Comme je vous l'ai déjà

dit, c'était pour la Noël. Nous en avons parlé à table, pendant un déjeuner. L'après-midi, ils sont allés faire des emplettes et, quand ils sont revenus, ils m'ont dit que, à l'inverse de l'émission de télé, c'était là une très bonne idée étant donné l'impasse de la police officielle. Ce sont eux, d'ailleurs, qui financent vos investigations...

– Autre chose : vous m'avez dit que Fabrice était un bon joueur de volley-ball...

– Je vous ai dit aussi que je ne m'intéresse pas aux sports. Pour Fabrice, je préférais suivre ses résultats scolaires plutôt que ses exploits sportifs dans l'équipe de volley-ball. Cela dit, je n'ignorais pas ses dispositions en la matière puisqu'on avait parlé une fois de lui dans le quotidien régional et que son ami Romain Delacre le surnommait toujours « champion »...

– Quelqu'un est-il jamais venu vous voir pour vous entretenir de ses performances ? »

Elle a l'air stupéfait.

« Non. Quelqu'un aurait dû venir ?

– En principe...

– Son entraîneur ?

– Pas exactement. Plutôt un de ces individus qui grouillent dans les milieux du sport et vous transforment des athlètes en herbe en tiroirs-caisses professionnels ou en épaves anabolisées...

– Je vois... Mais non. Personne n'est jamais venu. Ce genre d'individu aurait pris directement contact avec Fabrice ?

– Il semblerait...

– La police ne m'en a jamais parlé. »

À ce moment-là, le timbre du téléphone retentit dans l'entrée. À la troisième sonnerie, la bonniche décroche. Elle dit : « Allô ? » Puis : « Oui. Tout de suite, monsieur », repose le combiné d'ébonite sur le guéridon marbré et m'interpelle. Je m'excuse auprès de mon hôtesse, me lève et me dirige vers l'appareil. C'est Achille Duroc. Le service des cartes grises vient juste de le rappeler. La Super-Cinq Five immatriculée dans les Hauts-de-Seine appartient à une société de louage dont une succursale se trouve en ville. Pour m'éviter de perdre du temps, il me communique l'adresse. Je le remercie, raccroche et reviens prendre place sur le canapé.

« Madame Rousselet, je demande tout à trac en profitant de cette césure momentanée, votre fille a-t-elle accouché dans la région ou à l'étranger ?

– Pardon ?

– Cette question aussi peut avoir affaire avec le dossier, je lui précise. »

Elle se résigne.

« Ni ici ni à l'étranger. Dans une clinique du Cap-Saint-Jean. Les Acacias, si ma mémoire est bonne.

– Vous étiez présente ?

– Non. À cette époque-là, je me trouvais à Florence, avec mon mari. À dire vrai, nous ignorions même qu'ils avaient décidé de rentrer en France pour l'accouchement...

– Pourquoi cette clinique ? Votre fille n'avait pas confiance dans les cliniques de la région ?

– C'est mon gendre. Il connaissait l'obstétricien qui officiait aux Acacias, une clinique très sophistiquée à ce qu'il semblerait...

– Vous vous souvenez du nom de cet obstétricien ?

– Le docteur Gayot ou Guyot, je crois. »

J'achève le fond de ma tasse, lui pose encore quelques questions sans importance, juste pour noyer le poisson, et je prends congé. C'est en me reconduisant sur le palier qu'elle se souvient d'un détail : une semaine avant sa disparition, Fabrice était revenu très contrarié du cours Lamartine. Il avait gagné sa chambre et s'était couché sans rien avaler, prétextant une crise de foie. Cela corroborait l'impression notée par Marianne Lanneret dans sa lettre. Tout commençait à s'emboîter. À prendre corps.

10

L'entreprise de location de voitures et de camions, sise rue Félix-Faure, n'a fait aucune difficulté pour me renseigner sur son client.

Simplement, il a fallu suivre la voie hiérarchique : la réceptionniste a demandé à son supérieur, lequel est allé consulter le chef de station, qui m'a reçu dans son bureau, où j'ai attendu le résultat des recherches informatiques.

J'ai été un peu déçu. Je ne pensais pas tomber directement sur Francis Clavet, mais je l'espérais un peu tout de même. Il n'en a rien été. C'est le nom de Jacques Murey qui est sorti du fichier. Résidant à Lamont : 18, rue Caulaincourt.

Lamont n'est séparé du Cap-Saint-Jean que par dix-sept kilomètres. C'est là que se trouvait la solution. Je m'en suis ouvert à Achille Duroc, qui a totalement adhéré à mon raisonnement. Il m'a dit qu'il allait prévenir son collègue Leblanc, sur place à Lamont, et qu'il y avait là-bas un divisionnaire de premier ordre, Gremay, qui pourrait m'être utile en cas de pépin.

Le soir même, j'ai bouclé une valise et j'ai pris le train pour Lamont. Sur le quai de la gare, l'idée m'est venue d'appeler la résidence des Glycines. J'ai demandé à parler à Marianne Lanneret. À l'autre bout du fil, une voix masculine m'a répondu, gênée : « Mademoiselle ne peut pas vous parler en ce moment. » Je n'ai pas voulu insister. J'ai simplement ajouté : « Dites-lui que... Paul Joyaud a appelé et que, comme promis, je passerai la voir. Remerciez-la aussi pour sa lettre. » Il y a eu un grand blanc. J'allais raccrocher quand le type a dit : « Mademoiselle a... a tenté de mettre fin à ses jours. Elle... On l'a transportée à l'hôpital Pasteur. » La communication a été coupée. Je suis demeuré avec le combiné dans la main gauche, totalement abasourdi. Un quidam m'a tapoté l'épaule : « Ça va ? Tout va bien, monsieur ? » J'ai fait un signe de tête, histoire de faire quelque chose. Je lui ai refilé le combiné et me suis éloigné du téléphone. Il m'a rattrapé quelques mètres plus loin : « C'est à vous ? Cette valise, elle est à vous, monsieur ? » Nouveau signe de tête. « Vous êtes sûr que ça va aller ? Vous paraissez sonné. » Le moins qu'on pouvait dire, c'est que je l'étais...

Le train rapide 8047 est entré en gare de Lamont à huit heures cinquante-quatre, avec neuf minutes de retard sur l'horaire affiché. Achille Duroc m'avait retenu une chambre dans un hôtel de la chaîne Ibis. Après avoir appris la nouvelle, je n'ai plus pu détacher ma pensée de Marianne Lanneret. Son geste m'obsédait. Je m'en sentais un peu responsable. J'aurais dû me méfier de sa lettre. Si elle voulait vraiment me revoir, pourquoi ne pas m'avoir rappelé ? La réponse était là, simple comme la mort et atroce comme bonjour : elle avait déjà pris sa décision.

J'ai téléphoné à l'hôpital Pasteur pour prendre des nouvelles. On venait de la transférer des urgences dans une chambre. Elle était hors de danger. Après quoi, j'ai appelé le cabinet Duroc et demandé à Joëlle

Lanvier qu'elle lui expédie, en douce, un bouquet de roses rouges. Sept. Elle m'a demandé s'il fallait joindre une carte de visite. J'ai répondu que oui et d'y inscrire : « Dans quelques jours au *Buckingham Club.* » Je l'ai remerciée et j'ai raccroché. Cette entorse au règlement intérieur ne me coûterait pas ma place. Juste quelques billets...

Par l'annuaire, j'ai retrouvé le numéro de téléphone de Jacques Murey. Il y avait onze Murey à Lamont, mais deux Jacques seulement, dont un seul correspondait à l'adresse que m'avait donnée la société de louage. J'ai d'abord appelé l'autre numéro, vers dix heures quinze. Une voix de femme a fait : « Oui ? » Je me suis présenté sans détour. Puis je lui ai demandé la profession de son mari. Elle m'a répondu qu'il était rédacteur dans une compagnie d'assurances. Je l'ai priée de bien vouloir me le décrire. Grand, mince, avec une moustache et des lunettes. C'était bien ce que je pensais : aucun rapport avec le petit homme rondouillard, à l'air sévère, qui avait loué la Renault Super-Cinq Five. Le supposé Francis Clavet avait tout bonnement réglé la location du véhicule avec une carte bancaire au nom de Jacques Murey. Quand j'ai demandé à l'épouse du vrai Murey si son mari ou elle avaient observé un mouvement de retraits bizarres sur leurs relevés de carte entre septembre et décembre 1990, elle m'a répondu par la négative. C'était on ne peut plus clair. Le petit homme rondouillard à l'air sévère avait créé un deuxième Jacques Murey. Un vrai-faux. Avec adresse officielle et tout ce qui s'ensuit. L'affaire prenait des proportions plus importantes que je l'avais imaginé. Le supposé Clavet n'était pas seul dans cette histoire. Peut-être n'était-il même qu'un simple rouage ? Et probablement ne s'appelait-il pas davantage Francis Clavet que Jacques Murey...

J'ai vérifié cette hypothèse sur-le-champ. Un instant, j'ai cru devoir me taper toutes les communes, bourgs et hameaux du département (Blachères, Cambreu, Dollène, Lipières, Mouteaux et, bien entendu, Lamont et Cap-Saint-Jean) avant de dénicher le bon, mais j'ai eu de la chance : le Francis Clavet que je cherchais habitait Cambreu et n'avait pas d'homonyme. J'ai choisi de poursuivre mon périple avec le même intermédiaire : les télécoms. Mais je suis tombé sur un répondeur. Comme le message enregistré indiquait que cette mécanique pouvait être jointe à distance, j'ai laissé mon nom, mes coordonnées, en demandant de rappeler d'urgence, dès ce soir, à partir de vingt et une heures.

Midi approchait et je me suis mis en quête d'un restaurant. Rue Alexandre-Dumas, je suis passé devant un établissement grec, le *Tzatziki,* d'allure avenante. J'ai tourné et retourné dans les rues adjacentes avant d'y revenir. La nourriture était excellente, le service impeccable, le vin raffiné et l'addition en conséquence. Achille Duroc déciderait de la faire figurer ou non dans la colonne des débours. Parce que, cette fois, je suis ressorti avec la note.

11

À quinze heures trente-cinq, un taxi m'a conduit à l'adresse du Jacques Murey d'opérette, celle qu'avait dûment répertoriée la société de louage.

Un petit immeuble de caractère, situé en plein centre-ville. Quatre étages. Deux résidents par étage et une bignole mafflue au rez-de-chaussée. Elle me tance d'un œil furibond, tout en essuyant ses mains à l'ourlet de sa robe. Elle empeste la lessive :

« On n'aime pas beaucoup les représentants dans le coin, siffle-t-elle, l'air mauvais.

– Je suis détective privé. Pas représentant. Mais vous préférez peut-être les flics ? Je peux déranger le divisionnaire Gremay si vous voulez ? »

Elle se raidit aussitôt.

« Faut pas vous énerver ! Je fais mon boulot, c'est tout.

– Comme ça, chacun fait le sien et c'est très bien ainsi. Murey, Jacques Murey, ça vous dit quelque chose ?

– Vous lui voulez quoi ?

– Ça vous dit quelque chose ?

– Troisième gauche.

– Il est là en ce moment ?

– Il est jamais là. Jamais ou presque, c'est du pareil au même. »

Apparemment, elle ne le porte pas dans son cœur. Mais a-t-elle un cœur ?

« Ça veut dire quoi ?

– Que c'est pas le plafond qui lui tombera sur la tête !

– Qu'est-ce qu'il fait dans la vie ce Murey ?

– Le ménager, je crois...

– Comment ?

– Le mé-na-ger. Vous êtes sourd ?

– Ça consiste en quoi ce job ? »

Elle soupire :

« À ménager des vedettes, des sportifs. D'où vous sortez ? »

J'élude.

« Il vit peu chez lui, alors ?

– Pour ça !

– Et il vit seul ?

– Toujours. Qu'est-ce que vous lui voulez, au juste ? »

Cette fois, je la satisfais. À ma manière, évidemment :

« Je travaille pour le compte d'une banque. Il a fait un trou dans son bas de laine. Un emprunt qu'il n'arrive pas à rembourser.

– C'est pas fait pour m'épater...

– Ah oui ?

– Un type comme lui, qu'est toujours jamais chez lui ou presque, ça peut pas aller bien loin !

– Physiquement, vous pouvez me le décrire ?

– Petit, assez gros, avec un regard plutôt méchant.

– Sévère ?

– Méchant, je vous dis ! Ils vous ont pas donné une photo ?

– Qui ça ?

– La banque pour qui vous travaillez, cette question !

– Vous avez votre photo à la banque, vous ?

– Pour quoi faire ? »

Un ange passe, les ailes chargées de mansuétude... Je lui pose encore deux ou trois questions badines avant de lui demander de me prévenir dans le cas où il débarquerait inopinément. Elle adopte un regard soupçonneux quand je lui tends la carte de l'hôtel Ibis. Je la rassure : « Je ne suis pas d'ici. C'est le siège qui m'envoie... »

En début de soirée, je dîne dans un petit bistrot sympathique qui propose des omelettes aux champignons et sa tarte maison. À vingt et une heures, je regagne ma chambre. Programme télé sans intérêt.

Un quart d'heure plus tard, le téléphone retentit.

« Francis Clavet à l'appareil. Vous êtes monsieur Paul Joyaud ? »

Je lui réponds par l'affirmative et enchaîne :

« Où êtes-vous en ce moment, monsieur Clavet ?

– À Lille, pourquoi ?

– Votre boulot consiste en quoi ?

– Que se passe-t-il exactement ?

– Répondez à ma question...

– Je travaille pour une société qui investit de l'argent dans le sport.

– Vous recrutez ?

– Entre autres, oui.

– Dans quelle région vous trouviez-vous entre septembre et novembre 1990 ?

– Entre septembre et novembre 1990, vous dites ? Voyons... Je devais me trouver aux Seychelles, en vacances, et puis dans la capitale au siège de la société.

– Tout cela est vérifiable, bien sûr ?

– Sans problème, mais... »

Il réitère sa question. Je lui réponds. Il fulmine et s'inquiète. Je le rassure. Il me donne les coordonnées de son employeur. Pure formalité. Vérifier quand même. Conscience professionnelle oblige.

12

Il pleut. Le ciel est bas de plafond. Le jour a eu du mal à se lever. Moi aussi. Après un petit déjeuner consistant, j'ai pris la direction de la gare ferroviaire. Dix-sept kilomètres séparent Lamont du Cap-Saint-Jean.

Le trajet s'accomplit en TER sans arrêt jusqu'à destination. Une fois arrivé, je grimpe dans un taxi et me laisse piloter jusqu'à la clinique des Acacias.

Derrière son bureau de réception en noyer, la petite blonde aux lunettes bleues est plutôt mignonne.

Une fois franchies les portes coulissantes de l'entrée, on foule une épaisse et moelleuse moquette. Les murs sont recouverts d'un tissu velouté. Accroché au plafond de ce vaste hall, un lustre pend dont les larmes de Venise lancent des reflets rubis et turquoise. Cet étalage de luxe m'impressionne défavorablement. On sent tout de suite la facture salée. Le panaris à cinq mille, l'appendicite à dix, le tout à l'avenant, avec, au bout, le déficit de la Sécu.

La blondinette me demande, dans un large sourire, si c'est pour une admission. Je lui réponds que je souhaite m'entretenir avec le docteur Guyot. Obstétricien de son état. Avant de débarquer, j'ai pris mes renseignements. Ils sont deux à pratiquer l'art de la maïeutique dans cet endroit, mais seul Guyot peut avoir accouché la mère de Fabrice Delongeau. L'autre, à cette époque-là, devait à peine balbutier le serment d'Hippocrate.

La fille me demande si j'ai rendez-vous. Je lui réponds par la négative, ajoutant aussitôt qu'il ne s'agit pas d'un examen médical étant donné que je ne me sens pas particulièrement enceint. Elle rit un peu. Pour montrer qu'elle est polie. Lorsqu'on atterrit dans un lieu pareil, les gens se montrent toujours d'une grande courtoisie à votre égard. Elle me dit de monter au premier étage et de patienter dans la salle d'attente. Elle va prévenir la secrétaire du docteur. Ai-je un nom ? Oui. Je lui glisse une de mes cartes. Celle du cabinet Duroc, pas de l'hôtel Ibis. Elle s'en saisit. Son regard s'étonne. Je lui tourne le dos et me dirige vers la volée de marches...

Je n'aurai pas longtemps à poireauter. Il n'y a guère qu'un couple BCBG et une femme qui aurait pu être seule si la rondeur de son ventre n'indiquait qu'elle était habitée par un fœtus en bonne voie de développement. Le docteur Guyot reçoit jusqu'à treize heures et il n'est que dix plombes. Ce n'est pas une clientèle à se lever tôt. Vingt minutes plus tard, je me trouve dans son bureau. Tout aussi luxueux que le reste.

Le docteur porte beau sa cinquantaine. Un début de calvitie a légèrement dégarni son front haut et, derrière ses lunettes Ray-Ban, ses grands yeux vert aqueux posent sur moi un regard plein de commisération. Sa peau est mate, hâlée par le soleil, et je le soupçonne de passer du ski de neige au ski nautique *via* les séances d'UVA. Il tient ma carte entre ses doigts effilés, la tourne et la retourne avant de la poser sur le plateau en noyer de sa table de travail.

« Je reçois rarement des hommes seuls dans mon

cabinet, monsieur Joyaud, dit-il sur un ton qui se veut décontracté.

– Dans ce cas, nous allons tenter de ne pas prêter le flanc à l'équivoque », je lui réponds du tac au tac.

Il rit. À peine. Comme la blondinette, tout à l'heure, à la réception. Ici, on vous sourit largement et on rit étroitement. Sans juste milieu. C'est mauvais signe.

« Qu'est-ce qui me vaut la visite d'un détective privé ?

– Madame Delongeau...

– Pardon ? »

Il vient de concéder un point. Sans même s'en rendre compte. Comment peut-il hésiter sur le patronyme de Delongeau, quand madame veuve Rousselet m'a affirmé que son gendre connaissait personnellement l'obstétricien de la clinique des Acacias ?

Je lui rappelle les faits. Brièvement. Évitant de m'attarder. La mémoire lui revient.

« Mais oui ! Ça fait des années que je n'ai plus vu Étienne et sa femme. Comment vont-ils ? Et leur fils... Patrice, je crois ?

– Fabrice, docteur. Fabrice Delongeau...

– En effet, Fabrice... Je m'en souviens très bien, évidemment ! Ils se trouvaient au Brésil et sont rentrés tout exprès pour que madame Delongeau, Corinne je crois, accouche ici. »

J'arrête les frais.

« Fabrice Delongeau a disparu...

– Comment ?

– Il y a quinze mois de cela.

– Quinze mois ! Comment est-ce possible ? »

Je ne réponds rien. Sors la photo que m'a donnée madame veuve Rousselet et la pose sur le bureau. Il s'en saisit, la regarde quelques secondes et me la restitue.

« Beau gosse. Mais pourquoi venir me trouver, moi ? Je l'ai aidé à venir au monde. Ça doit faire plus de quinze ans, non ?

– Presque dix-sept, docteur.

– Disparu, vous dites... Une fugue ?

– Je ne le pense pas.

– Un enlèvement ?

– C'est concevable.

– Ça alors ! Les ravisseurs n'ont pas réclamé de rançon ?

– Si enlèvement il y a eu, docteur, je ne pense pas qu'une rançon sera jamais demandée.

– Ah bon...

– Excusez-moi d'être aussi direct, mais qui avez-vous réellement accouché ici, le 8 juin 1975 au matin ?

– Je ne comprends pas votre question, monsieur Joyaud... »

Son regard s'est refroidi. Le visage s'est fait plus dur. Hostile même. Je lui tends une perche :

« Comme vous l'avez noté, je suis détective privé. Je ne fais pas partie du corps de la police d'État. Cela signifie que cette conversation n'est ni une déposition de votre part ni un interrogatoire. Juste un entretien, vous comprenez. Disons... en privé.

– C'est bien ainsi que je l'entends, monsieur Joyaud...

– Alors, soyons clair : le 8 juin 1975, avez-vous accouché Corinne Rousselet, épouse Delongeau, ou quelqu'un qui aurait pris la place de cette même Corinne Delongeau ? »

La réplique ne se fait pas attendre. Elle va dans le sens de la logique.

« Sortez immédiatement ou je vous fais jeter dehors. »

Il a dit cela sans crier. D'une voix ferme et déterminée. Comme un maître de maison congédie un employé.

« Voyons, docteur, ce n'est pas le genre de cette clinique. Ici, moins on fait de vagues et mieux on se porte. »

Un silence se faufile. S'instaure. Guyot appuie sur un bouton de sonnette. J'attends. Sans broncher. Il ne peut rien m'arriver de fâcheux. Pas ici. Trente secondes après, la porte capitonnée s'ouvre dans mon dos. Je ne me retourne même pas. Une femme s'approche de la table en noyer. Grande, jeune, svelte, elle est vêtue d'une blouse blanche. Il l'appelle par son prénom, Julia, et lui demande de descendre aux archives pour lui ramener le dossier médical de Corinne Delongeau. Quand il précise la date, la jeune femme (qui doit être son assistante et peut-être aussi sa maîtresse à la manière qu'ils ont de se regarder) lève un sourcil étonné. Néanmoins, elle obtempère sans piper mot. Pendant ces quelques instants, elle ne m'a pas jeté le moindre regard.

Il s'écoule dix bonnes minutes avant qu'elle ne revienne. Guyot et moi sommes restés muets. Il s'est plongé dans une revue. J'ai tenté en vain de repérer une mouche.

Le dossier entre ses mains, il l'ouvre, le compulse et me lit ensuite tous les détails qui sont censés m'intéresser. Cela ne nous fait pas avancer d'un iota, parce que je me doute bien que, s'il y a eu embrouille, ce dossier aura d'autant mieux toutes les apparences de la clarté. Je le lui fais remarquer de façon détournée :

« Cela ne répond pas à ma question, docteur... »

L'assistante s'est retirée. Il referme le dossier.

« Maintenant, j'ai à faire, monsieur Joyaud. »

Je me lève et me dirige vers la porte. Sa voix claque dans mon dos :

« Soyez assuré que je vais informer mes amis de votre intrusion. »

Je réplique sans me retourner :

« Si vous jugez qu'il en va de votre intérêt... »

13

J'ai décidé de passer ma journée au Cap-Saint-Jean. Je vais louer une Fiat Tipo et me payer un circuit touristique du patelin.

Mis à part le port de plaisance, la baie, l'hippodrome et le casino, il n'y a pas grand-chose à voir. Les complexes immobiliers continuent de sortir de terre comme des champignons après la pluie. La spéculation doit aller bon train. Les palissades des chantiers sont recouvertes d'affiches électorales. Les candidats aux régionales ont commencé de battre la campagne.

Je me demande si j'ai bien fait de procéder d'une manière aussi directe avec le docteur Guyot. J'ai pensé qu'il marquerait le coup. Quand il a fait semblant d'ignorer le nom de Delongeau, je me suis dit qu'il serait facile à débusquer. Mais je me suis trompé. En fait, c'est lui qui m'a plutôt manœuvré. Et me voilà à tourner en rond, dans cette ville sans charme particulier, ne sachant trop comment me dépêtrer de cette nasse où je suis moi-même venu me fourrer.

Pour faire passer le temps, je suis allé déjeuner dans un restaurant, près du port, *Le Mal Assis*. À la fin du repas, j'ai demandé où se trouvait l'avenue De-Lattre-de-Tassigny. Le barman m'a conseillé de suivre la route du phare. Je ne pouvais pas me tromper...

Au 19 de ladite avenue se trouve une villa toute blanche avec piscine et garage incorporés. C'est là qu'habitent le docteur Guyot et sa petite famille. Dans le quartier le plus résidentiel du Cap-Saint-Jean. Le toubib ne se mouche pas avec les doigts.

Je me gare un peu plus loin, vers le numéro 30, et décide d'attendre. Avec un peu de chance, quelque chose va bouger. Une paille. Trois fois rien. Un grain de sable dans l'engrenage de cette respectable notabilité indigène. C'est en tout cas ce que je me répète pour m'en persuader, en écoutant une quelconque station de la bande FM débiter son programme musical.

Il n'est pas loin de seize heures quand la chance me rejoint. Le portail de la villa s'efface pour permettre à une Austin noire de quitter les lieux. Une femme est au volant. Probablement l'épouse du docteur. Je démarre et la suis.

Parvenue en ville, elle absorbe tout le boulevard Prosper-Mérimée, qui longe la côte, puis tourne à droite dans la rue Léonard-de-Vinci, où s'élève un immeuble de grand luxe. À une vingtaine de mètres de l'entrée principale se trouve un parking privé dans lequel elle engouffre son véhicule. Je la regarde introduire sa carte magnétique sans m'arrêter, à la recherche d'une place. Mais je sais d'ores et déjà que je l'ai provisoirement perdue de vue. Ce genre d'immeuble possède des parkings souterrains avec accès direct aux étages. Impossible de savoir dans quel appartement elle va se trouver ni combien de temps elle va y rester. Je finis par trouver une place et regagne le Vinci à pied.

Une idée me vient. Je sonne chez le gardien. Après un court instant, des grésillements se font entendre dans l'interphone, suivis d'une voix de rogomme :

« Qu'est-ce que c'est ?

– Je viens de me faire emboutir la voiture par une de vos résidentes !

– En quoi ça me regarde ? me lance la voix.

– Je vais vous le dire, moi, en quoi ça vous regarde : complicité dans un délit de fuite, vous savez combien ça coûte ? »

Silence. Il doit réfléchir. S'il connaît la loi, il va m'envoyer paître. Mais il ne la connaît pas. Sinon, il ne réfléchirait pas.

« Ne bougez pas, j'arrive. »

Il a ma taille, la cinquantaine essoufflée, le cheveu poivre et sel coupé ras.

« Pierre Rodier », je fais, à peine a-t-il mis le nez dehors.

J'ai dit le premier nom qui m'est passé par la tête. Ça fait tout de suite plus sérieux que Joyaud. Moins pseudonyme. Et puis, on assure mieux en Rodier. Je lui narre les « faits » : une femme est sortie du parking de l'immeuble au volant d'une Austin noire et m'a embouti toute l'aile arrière gauche de la voiture. Quand je lui ai fait signe d'arrêter, elle a accéléré. J'ai relevé le numéro (je le lui livre), mais je ne ferai pas d'histoires à condition qu'elle consente à dresser un constat en bonne et due forme.

Il a l'air très ennuyé. Si c'est pour ce que je crois, je peux le comprendre.

« Il va y avoir un petit problème, monsieur Rodier...

– Comment ça, un problème ? »

Il s'approche pour me parler à l'oreille comme si nous étions encerclés d'ouïes indiscrètes :

« D'après la description que vous m'avez faite du véhicule, il pourrait bien se faire que la dame en cause n'habite pas l'immeuble, vous voyez ?

– Non. Je ne vois pas.

– C'est que... Enfin, cette dame n'est là que de temps en temps...

– Qu'est-ce que ça peut bien faire ? Puisqu'elle a accès au parking, c'est qu'elle connaît quelqu'un qui habite ici, non ?

– C'est justement là que le bât blesse, vous voyez ?

– Toujours pas, non. »

Il approche un peu plus sa bouche de mon organe auditif.

« Cette dame vient en fait tous les mardis. Elle... Elle a une liaison avec un de nos résidents, vous comprenez ?

– Cette dame fait ce qu'elle veut de ses mardis. Ce qui m'intéresse moi, c'est l'aile arrière gauche de ma voiture. Celle qu'elle a emboutie en sortant de ce parking.

– Bien sûr, mais...

– Je veux juste dresser un constat. À l'amiable.

– Bien sûr, mais...

– Le mieux, c'est que j'aille trouver les flics...

– Non ! Attendez... Peut-être que monsieur Lascault pourra arranger ça.

– Qui est ce monsieur Lascault ?

– Le résident avec qui cette dame a une liaison...

– À quel étage se trouve-t-il ?

– Il vaudrait peut-être mieux que je le prévienne...

– Je préfère y aller moi-même.

– C'est que...

– Ne vous inquiétez pas. Je dirai que c'est la dame qui m'a donné son nom et le code d'entrée.

– Mais...

– Vous n'aurez aucun ennui.

– Appartement 56 A. »

Je le remercie. Tandis qu'il regagne sa loge, je me dirige vers l'ascenseur. Mais, au lieu d'appuyer sur la touche 5, j'enfonce le bouton marqué S/SP.

Il ne me faut que peu de temps pour repérer l'Austin noire. Je vais me planquer dans une montée d'escaliers et je commence à patienter. Il est dix-huit heures dix-sept pile quand l'épouse du docteur refait son apparition.

Elle est d'une taille supérieure à la moyenne, la quarantaine plantureuse et liftée, une tignasse de cheveux noirs mi-longs. Elle vient de déverrouiller la portière gauche de l'Austin quand je m'avance vers elle.

Elle me regarde. Peu rassurée.

« Madame Guyot ? Je suis détective privé. »

Elle pâlit.

« C'est mon mari qui vous envoie ?

– Pas précisément, non. Je peux monter ? »

Elle est un rien ébahie.

Dans la voiture, je lui mets le marché en main. Donnant, donnant. Elle me dit ce qu'elle sait de son mari, par exemple s'il a déjà eu affaire à un certain Clavet ou Murey, ou qui sais-je d'autre, et moi, je fais comme si j'ignorais tout de sa liaison avec Lascault.

Pour se donner une contenance, elle hésite :

« Qu'est-ce que ce Clavet ou Murey fricoterait avec Gérald ?

– Vous le connaissez, oui ou non ?

– Je ne connais aucun Clavet ni aucun Murey et je ne sais même pas comment ils sont faits, ou il est fait s'il s'agit d'une seule et même personne... »

Je lui décris le type rondouillard, à l'air sévère, qui a loué la Super-Cinq Five.

Elle se rétracte ostensiblement. J'ai dû mettre dans le mille.

« Alors... ? m'impatienté-je.

– Si mon mari s'est mis dans un mauvais cas, ce n'est pas moi qui le trahirai, rétorque-t-elle, grandiloquente à souhait.

– Préparez les oignons, je ne vais pas réussir à pleurer tout seul... »

Elle se renfrogne. Le temps presse. Cette histoire commence à me peser.

« Vous vous décidez, oui ?

– Il ne s'appelle ni Clavet ni Murey. En tout cas, ce n'est pas sous ce nom-là que je connais l'homme que vous venez de décrire. »

Je crois qu'elle va poursuivre, mais elle s'arrête net au milieu du gué.

Je prends sur moi :

« Sous quel nom le connaissez-vous, madame Guyot ? »

Elle se donne un peu d'air avant de céder :

« Jaussaud ou Jaussin. Plutôt Jaussin... Gérald a prononcé une fois son nom devant moi, au téléphone. Il a dit très exactement : "Je sais, j'ai vu Jaussin, hier soir, au *Blue Lagoon*." Je pense qu'il s'agit du même homme, parce que, au *Blue Lagoon*, ce soir-là, mon mari n'a parlé qu'avec une seule personne que je ne connaissais pas : de petite taille et rondouillard, comme vous dites. Ce doit être ce Jaussaud ou Jaussin. Mais plutôt Jaussin. Il donnait l'impression d'avoir ses habitudes dans cette boîte... »

Je lui demande un ultime service. Me faire sortir du parking...

Un pavé dans la mare

Au moment où je m'extrais de l'habitacle, le gardien est en train de fermer les persiennes de sa loge, au rez-de-chaussée. Quand il me voit, il suspend son geste comme le taon son vol, ouvre la bouche, et son mégot de gauloise lui reste collé à la lèvre inférieure.

14

Depuis qu'il avait mis au clou sa tenue de jockey, Guy Jaussin n'avait pas gagné un pouce en hauteur, mais son tour de taille avait pris plusieurs livres.

Il devait attendre une visite parce qu'il m'a ouvert spontanément, dès que j'ai sonné. En me voyant, il a eu un mouvement de recul et j'en ai profité pour le pousser en arrière...

J'avais quitté l'épouse du docteur Guyot aux alentours de dix-neuf heures, récupéré ma Fiat Tipo de location et j'étais retourné au *Mal Assis*. Le barman s'est souvenu de moi et m'a demandé si j'avais facilement trouvé l'avenue De-Lattre-de-Tassigny. Rassuré sur ses capacités pédagogiques, il m'a offert une mauresque. J'ai été traité avec plus d'égards qu'au déjeuner et, vers vingt et une heures trente, j'ai quitté cet honorable établissement (note de frais en poche) pour filer au *Blue Lagoon.*

Il n'y avait pas foule. Après un tour de piste, j'ai opté pour la fille qui tenait le vestiaire. Quand je lui avais remis mon trench-coat, elle m'avait manifesté un soupçon d'intérêt. Malgré tout, j'ai dû lâcher un Delacroix (encore un que Duroc ne me restituerait pas) pour qu'elle se souvienne de Jaussin. Quand elle a eu terminé, j'en savais autant sur lui que sur moi-même. Cette fille était un véritable fichier ambulant. Si j'avais bien tout compris (invitation personnelle incluse), elle arrondissait ses fins de semaine en « sortant » (disait-elle pudiquement) avec des clients qui lui paraissaient corrects...

Avec Jaussin, tout s'est passé le mieux du monde. Il savait qu'il était grillé. Au début, il s'est quand même montré un peu récalcitrant, mais, quand je lui ai appris que six témoins pouvaient le reconnaître, que le gardien du gymnase était prêt à l'identifier et que l'entourage du docteur Guyot n'hésiterait pas à lâcher ses chiens sur lui, il est devenu on ne peut plus malléable.

Il a bien cherché aussi à négocier quelques privilèges, mais je n'étais pas d'humeur. Il n'a même pas insisté...

Tout avait commencé en mars 1974, quand les affaires du docteur Guyot partaient un tantinet en quenouille. C'est un avocat qui avait convaincu l'obstétricien. Un nommé Clément Durel, dont la collusion avec la pègre n'était plus à démontrer...

Des couples de plus en plus nombreux, plutôt argentés, venaient consulter des avocats dans des affaires d'adoption qui tournaient au drame. À l'époque, personne dans les médias ne s'occupait de ces couples sans enfant, désireux d'en avoir. L'idée germa alors dans la tête de l'avocat que Guyot, lui-même et quelques autres pouvaient profiter de cette aubaine. Il convenait pour ce faire de réunir une mère biologique en difficulté financière et un couple aisé empêché de procréation naturelle. Les fantasmes de l'un alliés aux besoins économiques de l'autre les réuniraient dans un même désir de possession. L'enfant luxe et l'argent roi. Pour se couvrir, le docteur Guyot faisait échanger entre les contractants des lettres d'agrément mutuel. À chaque visite, la future mère biologique se présentait à la clinique sous le nom de la future mère adoptive. Le jour de l'accouchement, le faux époux assistait à la naissance ou accompagnait la mère porteuse comme si de rien n'était. Quand un problème intervenait ou qu'une hésitation naissait dans l'esprit de la mère adoptive, quelques jours avant le moment fatidique, l'obstétricien déclenchait l'accouchement par une injection appropriée.

L'enfant à peine né, tout rentrait dans l'ordre. Seuls les couples possédant de solides revenus pouvaient s'offrir un tel présent puisque, en 1974 déjà, ce tour de passe-passe leur coûtait la modique somme de cent mille francs. Depuis, les prix avaient suivi les courbes ascendantes du coût de la vie.

C'est alors que Clément Durel avait eu l'idée de pratiquer, au sein de ces enfants, une sélection afin d'en récupérer quelques-uns à des fins mercantiles, convaincu que leurs familles d'adoption ne porteraient pas l'incendie au-delà de la raisonnable enquête policière de routine.

Aidé par trois pégriots notoires, il recruta Jaussin, lui expliqua son rôle et lui obtint couvertures et carte blanche pour assurer la prise en charge de la deuxième phase de son projet.

Guy Jaussin, ex-jockey reconverti dans la représentation des articles de sport, parcourait l'Hexagone sans grand succès, vivant plus ou moins sur le fil du rasoir et tirant plus qu'à son tour le diable par la queue. Un jour qu'il prospectait dans la région, il fut accusé par une gamine de treize ans d'avoir voulu procéder à des attouchements. Placé en garde à vue, Jaussin nia farouchement les faits. Il n'en fut pas moins déféré au parquet et inculpé d'attentat à la pudeur avec voies de fait sur mineure de moins de quinze ans. Son compagnon de cellule, en préventive, avait pour défenseur maître Durel. Sur les conseils du codétenu, Jaussin se défit de l'avocat qui lui avait été commis d'office et demanda à rencontrer Clément Durel, qui, sans forcer son talent, lui obtint un non-lieu. C'est ainsi que Jaussin entra dans la combine. De toute manière, il lui fallait régler les honoraires de son avocat, et les prestations de Durel étaient loin d'être gratuites...

Cette deuxième phase consistait à établir un dossier détaillé sur chaque cas d'adoption par agrément mutuel traité par le docteur Gérald Guyot. Depuis 1974, il était passé beaucoup d'eau sous les ponts et nombre de couples et de mères porteuses entre les doigts experts de l'obstétricien. De surcroît, l'engouement pour l'enfant-objet s'étant encore accru, le trafic était devenu très juteux. Il s'agissait donc pour Clément Durel et ses complices d'établir une série de fiches sur ces enfants afin de pratiquer une sélection qui leur permettrait de les vendre aux plus offrants dès qu'ils seraient en âge d'intéresser les filières de la prostitution internationale.

Le travail accompli par Jaussin et trois autres de ces « représentants » très spécieux permit de rendre ce fichier opérationnel dès 1987. En moins de cinq ans, une vingtaine d'adolescents des deux sexes passèrent du giron de leurs familles adoptives aux affres des maisons de passe proche- ou extrême-orientales. C'est ainsi que Fabrice Delongeau fut « traité » par le réseau Durel. Son enlèvement n'en fut même pas un puisqu'il était suffisamment déstabilisé par Jaussin pour le suivre presque volontairement en Allemagne lorsque celui-ci lui affirma, preuves à l'appui, qu'il allait lui présenter sa vraie mère.

Épilogue

J'ai conduit Jaussin au commissariat central du Cap-Saint-Jean où il est passé aux aveux complets, innocentant en grande partie le docteur Gérald Guyot qui, selon lui, ne découvrit le double-fond du trafic qu'en novembre 1990.

C'est un homme résigné, menottes aux poignets, qui est sorti du commissariat à huit heures trente-cinq du matin pour être conduit devant un juge d'instruction. En fait, il ne se faisait aucune illusion sur le sort qui l'attendait. S'il avait la chance d'arriver vivant à son procès, la filière de Clément Durel se ferait fort d'abréger sa peine en mettant fin à ses jours d'une façon ou d'une autre.

Le docteur Guyot a été arrêté à son domicile, 19, avenue De-Lattre-de-Tassigny, deux heures plus tard. Clément Durel, en vacances à Davos, en Suisse, dans la vallée de la Landwasser, a eu les honneurs d'un mandat international. Prévenu par un coup de téléphone, il avait déménagé de son hôtel quand la police helvétique y fit irruption. Une semaine plus tard, il courait encore. On a trouvé à son domicile principal les noms de tous ses complices ainsi que les adresses par lesquelles transitaient les adolescents avant d'être expédiés au-delà des mers.

Fabrice Delongeau était passé successivement par Hambourg et Ankara. La collaboration sans faille des polices allemande et turque permit d'établir qu'il avait été expédié dans un émirat du golfe Persique. Son retour, maintenant, n'était plus qu'une question d'heures. De jours, tout au plus. Ses « parents » sont rentrés de Prague et l'attendent. Sa mère naturelle, fidèle au contrat passé, ne s'est toujours pas fait connaître.

Quant à moi, j'ai regagné ma ville adoptive en attendant de revenir à Lamont pour témoigner au procès qui s'ouvrira dans un an ou deux. Peut-être trois. Le temps de réunir toutes les pièces, d'accumuler tous les témoignages, d'instruire à charge et à décharge, d'arrêter tous les complices, et surtout de laisser les événements se tasser un peu pour ne pas froisser le gratin autochtone.

J'ai reçu les félicitations appuyées d'Achille Duroc, mon employeur, et j'ai fait la une des deux quotidiens locaux. Sans ma photo. Cela va de soi. On a aussi parlé de moi à la radio et à la télévision. J'ai eu droit à un coup de fil de ma fille, Marine, et Nicole, mon ex-femme, s'est jointe à elle pour me congratuler. Sans plus...

Pour l'heure, je me trouve au *Buckingham Club.* C'est samedi. Il est vingt-deux heures. Je me suis installé dans le même box que l'autre soir, lorsqu'elle m'avait suggéré cet endroit pour que je la questionne.

Dès mon retour, j'ai pris de ses nouvelles. Elle était sortie de l'hôpital et allait beaucoup mieux. Elle paraissait contente d'entendre ma voix. La sienne, au téléphone, était enjouée, chaleureuse. Ses propos taquins. Nous avons conversé assez longtemps, mais je n'ai pas eu le courage de lui dire ni de lui faire comprendre que rien n'était possible entre nous. C'est pourquoi je suis là, ce soir. Au rendez-vous que nous nous sommes fixé. « Vous m'avez promis, vous vous souvenez ? » C'est ce qu'elle m'a dit et qu'elle avait déjà écrit dans sa lettre pour masquer le geste qu'elle allait commettre. Devant moi, sur la table, le serveur a déposé un verre de gin-fizz. Je bois une gorgée, puis une autre. Sans penser à rien. Sans imaginer quoi que ce soit. Je l'attends. Voilà tout. Sans savoir avec précision ce que je vais faire.

Bruxelles-Fontenay-sous-Bois
27 février-15 mars 1992

souris noire

Dans la même collection

1 Pinguino
Franck Pavloff

2 Lambada pour l'enfer
Hector Hugo

3 Le Squat résiste
Franck Pavloff

4 Ippon
Jean-Hugues Oppel

5 Cauchemar-rail
Stéphanie Benson

6 Mon frère est un drôle de type
Olivier Mau

7 La Calanque des ermites
François Joly

8 Un privé chez les nababs
Gérard Moncomble

9 Embrouille à minuit
Malika Ferdjoukh

10 Nuit rouge
Jean-Hugues Oppel

11 Aladdin et le crime de la bibliothèque
Marie et Joseph

12 Wiggins et le perroquet muet
Béatrice Nicodème

13 Wiggins et la ligne chocolat
Béatrice Nicodème

14 L'Assassin de papa
Malika Ferdjoukh

15 Frères de sang
Olivier Thiébaut

16 Le Disparu de Cabrérac
Alix Clémence

17 Le Père Noël s'appelle Basile
Pierre Pelot

18 La Planque
Frédéric Fajardie

19 L'Inconnue dans la maison
Stéphanie Benson

20 Tonton tué
Serge Quadruppani

21 Marathon sur l'estuaire
Hubert Ben Kemoun

22 La Vengeance de la petite gitane
René Frégni

23 Pépé Grognon
Jean-Loup Craipeau

24 Un pavé dans la mare
Robert Deleuse

Achevé d'imprimer sur Cameron
par Bussière Camedan Imprimeries
à Saint-Amand-Montrond
Conception graphique couverture :
Didier Thimonier
Dessin de la Souris noire : Lewis Trondheim
Typo dessinée par Anne Ladevie
Dépôt légal : mai 1998
Loi n° 49.956 du 16 juillet 1949
sur les publications destinées à la jeunesse
ISBN : 2-84146-577-2
N° d'impression : 982613/1

ECOLE VOYAG
C.P. 4040, STN FC
COLD LAKE, A
T9M 2C1